2024年度版

金融業務 **2** 級

預金コース

試験問題集

JN029202

一般社団法人 金融財政事情研究会

◇はじめに◇

　本書は、金融業務能力検定「金融業務2級　預金コース」の受験者の学習の利便を図るためにまとめた試験問題集です。

　本試験は、預金実務全般にわたる実践的な知識の習得度、預金実務上の判断力・対応力を検証することを目的として実施されています。

　「金融業務2級　預金コース」は、中堅クラスの行職員を主対象とした試験です。中堅の行職員は、プレイング・マネージャーとして業務に取り組むと同時に、部下職員を指導・監督することも大切な職務といえます。本書は5章から構成され、各テーマ別に問題を分類・収録しています。各問題を解いていくことにより、基礎知識から実務応用力まで身につけることができるよう構成されています。断片的な知識のみを問う問題は極力避け、預金業務全般のスキル習得に資するテーマを網羅し、体系的な業務知識と実践的な応用能力を身に付けることによって、管理・監督者としての指導力も涵養する内容となっております。

　なお、合格を確実なものとするために、基本教材である通信教育講座『預金コース』、『預金実践事例コース』も併せて活用されることをお勧めします。

　本書を有効に活用して、ぜひとも金融業務能力検定「金融業務2級　預金コース」試験に合格され、ご活躍されることを願っています。

2024年3月

一般社団法人　金融財政事情研究会

検定センター

<h1 align="center">◇◇目　次◇◇</h1>

第2章　預金取引

第3章　手形・小切手／電子交換制度

第4章 預金の特殊実務

第5章　総合問題

┌─〈法令基準日〉────────────────────────
本書は、問題文に特に指示のない限り、2024年 4 月 1 日（基準日）現在施
行の法令等に基づいて編集しています。
└──────────────────────────────────

┌──────────────────────────────────
◇ CBT とは◇
　CBT（Computer-Based Testing）とは、コンピュータを使用して実施
する試験の総称で、パソコンに表示された試験問題にマウスやキーボード
を使って解答します。金融業務能力検定は、一般社団法人金融財政事情研
究会が、株式会社シー・ビー・ティ・ソリューションズの試験システムを
利用して実施する試験です。CBT は、受験日時・テストセンター（受験
会場）を受験者自らが指定できるとともに、試験終了後、その場で試験結
果（合否）を知ることができるなどの特長があります。
└──────────────────────────────────

┌──────────────────────────────────
本書に訂正等がある場合には、下記ウェブサイトに掲載いたします。
https://www.kinzai.jp/seigo/
└──────────────────────────────────

―〈凡　例〉―

・金融商品取引業等に関する内閣府令＝金商業等府令
・金融サービスの提供に関する法律＝金融サービス提供法
・個人情報の保護に関する法律＝個人情報保護法
・私的独占の禁止及び公正取引の確保に関する法律＝独占禁止法
・犯罪による収益の移転防止に関する法律＝犯罪収益移転防止法
・偽造カード等及び盗難カード等を用いて行われる不正な機械式預貯金払
　戻し等からの預貯金者の保護等に関する法律＝預金者保護法
・滞納処分と強制執行等との手続の調整に関する法律＝滞調法
・一般社団法人及び一般財団法人に関する法律＝一般法人法

―〈判例の表示〉―

（最判昭45.4.10民集24巻 4 号240頁）
　　A　　　B　　　　　　C

A…裁判所と裁判の種類を示す。
　最…最高裁判所
　高…高等裁判所
　大…大審院
　判…判決
　決…決定
B…裁判（言渡）年月日を示す。
C…登載誌およびその登載箇所を示す。
　民録…大審院民事判決録
　民集…最高裁判所（大審院）民事判例集
　金法…金融法務事情

「金融業務２級　預金コース」試験概要

日常の預金実務全般にわたる実践的な知識の習得度・判断力を検証します。

■受験日・受験予約　　通年実施。受験者ご自身が予約した日時・テストセンター（https://cbt-s.com/examinee/testcenter/）で受験していただきます。
受験予約は受験希望日の３日前まで可能ですが、テストセンターにより予約可能な状況は異なります。

■試験の対象者　　　金融業務３級預金コース合格者、中堅行職員または管理者層　※受験資格は特にありません

■試験の範囲　　　１．銀行取引一般　２．預金取引　３．手形・小切手／電子交換制度　４．預金の特殊実務　５．総合問題

■試験時間　　　120分　試験開始前に操作方法等の案内があります。

■出題形式　　　四答択一式30問、総合問題10題

■合格基準　　　100点満点で70点以上

■受験手数料（税込）　7,700円

■法令基準日　　　問題文に特に指示のない限り、2024年４月１日現在施行の法令等に基づくものとします。

■合格発表　　　試験終了後、その場で合否に係るスコアレポートが手交されます。合格者は、試験日の翌日以降、合格証をマイページからPDF形式で出力できます。

■持込み品　　　携帯電話、筆記用具、計算機、参考書および六法等を含め、自席（パソコンブース）への私物の持込みは認められていません。テストセンターに設置されている鍵付きのロッカー等に保管していただきます。メモ用紙・筆記用具はテストセンターで貸し出されます。計算問題については、試験画面上に表示される電卓を利用することができます。

■受験教材等　　　・本書
・通信教育講座「預金コース」、「預金実践事例コース」（一般社団法人金融財政事情研究会）

■受験申込の変更・　受験申込の変更・キャンセルは、受験日の３日前まで
　キャンセル　　　マイページより行うことができます。受験日の２日前からは、受験申込の変更・キャンセルはいっさいでき

	ません。
■受験可能期間	受験可能期間は、受験申込日の3日後から当初受験申込日の1年後までとなります。受験可能期間中に受験（またはキャンセル）しないと、欠席となります。

※金融業務能力検定・サステナビリティ検定の最新情報は、一般社団法人金融財政事情研究会のWebサイト（https://www.kinzai.or.jp/kentei/news-kentei）でご確認ください。

第1章

銀行取引一般

1－1　金融機関の秘密保持義務①

《問》金融機関の秘密保持義務に関する次の記述のうち、最も適切なものはどれか。

1）顧客ＡとＢの民事訴訟において、金融機関が訴訟外の第三者としてＡの顧客情報の開示を求められ、Ａ自身が開示義務を負っている場合には、当該金融機関が開示すると秘密保持義務違反となる。

2）金融機関は、秘密保持義務に違反しても損害を被った顧客に対して損害賠償責任を負わない。

3）捜査機関が裁判所の令状に基づいて行う差押え、捜索または検証は強制捜査であり、金融機関は秘密保持義務を免除されるが、捜査機関が行う捜査関係事項照会は任意捜査であり、法的に強制力はないため、金融機関の秘密保持義務は免除されない。

4）金融機関が業務上知った顧客の私的事項に関する情報は、秘密保持義務の対象となる情報に含まれる。

・解説と解答・

1）不適切である。金融機関が民事訴訟において訴訟外の第三者として開示を求められた顧客情報について、当該顧客自身がその民事訴訟の当事者として開示義務を負う場合、金融機関は、一般に、当該顧客情報を開示しても秘密保持義務違反とはならない。

2）不適切である。秘密保持義務は契約上または商慣習上の義務であり、債務不履行ないし不法行為による損害賠償責任を負うことがある。

3）不適切である。捜査関係事項照会への不回答に対する罰則はないものの、実務上は任意の税務調査と同様に秘密保持義務が免除されると解されており、通常、預金者の同意を確認することなく捜査に協力している。

4）適切である。明文の規定があるわけではないが、銀行の秘密保持義務の対象となる情報は、銀行との取引の状況のほか、法人の場合の月商、営業設備、営業上のノウハウ、仕入先、販売先、資産状況、信用状況などの情報も秘密保持義務の対象となる。また、顧客の私的事項に関する情報（プライバシー）も秘密保持義務の対象であり、個人情報保護法の保護対象とする情報より範囲は広いとされる。

正解　4）

1－2　金融機関の秘密保持義務②

《問》金融機関の秘密保持義務に関する次の記述のうち、最も不適切なものはどれか。

1) 金融機関が民事訴訟における文書提出命令の発令に応じて顧客情報を開示した場合、一般に、秘密保持義務違反の問題が生じ、債務不履行ないし不法行為による損害賠償責任を負う。
2) 金融機関が貸金債権を第三者に譲渡するため、債務者の一定範囲の情報を譲受人候補者に提供する行為は、一般に、秘密保持義務に抵触しない。
3) 金融機関間の信用照会制度は、商習慣に基づくものであり、一般に、秘密保持義務に抵触しない。
4) 預金者の共同相続人に対して、金融機関が預金口座の残高を回答することは、一般に、秘密保持義務に抵触しない。

・解説と解答・

1) 不適切である。法令に基づく照会には、税務署による反面調査（国税通則法第74条の 2 － 6 等）、滞納処分のための質問・検査（国税通則法141条）、文書提出命令（民事訴訟法220条以下）、監督官庁の調査・検査（銀行法24条、25条）、検査に必要な取り調べ（刑事訴訟法197条 2 項）、家庭裁判所の照会（家事事件手続法62条）、厚生労働大臣・都道府県知事の照会（国民年金法108条）等があり、これらのうち、税務署による反面調査、滞納処分のための質問・検査証人尋問・文書提出命令・監督官庁の調査・検査について回答しないときは、刑事罰の制裁が定められている（国税通則法127条、国税徴収法188条等、民事訴訟法225条、銀行法63条等）。
2) 適切である。金融機関が訴訟当事者として必要な主張・立証をする場合、弁護士等の外部専門家から助言を得ようとする場合、サービサーに不良債権の管理・回収を委託する場合、貸金債権を第三者に譲渡するために債務者の情報を譲受人候補者に提供する場合等、金融機関が自らの権利利益を守るための必要がある場合、秘密保持義務を免除されることがある。
3) 適切である。
4) 適切である。預金者の共同相続人の 1 人による口座残高の開示請求は、権利の濫用に当たり許されない場合に当たらない限り認められる。

正解　1)

1－3　個人情報保護法と秘密保持義務

《問》個人情報保護法と秘密保持義務の関係に関する次の記述のうち、最も適切なものはどれか。

1) 個人に関する公開情報は、金融機関の秘密保持義務および個人情報保護法のいずれによっても保護の対象とならない。
2) 個人情報保護法において第三者提供が可能となっている情報は、金融機関の秘密保持義務の保護の対象とならない。
3) 金融機関は、個人顧客に対して秘密保持義務という顧客に対する私法上の義務を負うだけでなく、個人情報保護法に基づく公法上の義務を負う。
4) 管理すべき情報の対象の範囲について、個人情報保護法と秘密保持義務を比較すると、個人情報保護法のほうが対象となる情報の種類・範囲は広い。

・解説と解答・

1) 不適切である。個人に関する公開情報は、金融機関の秘密保持義務の対象にはならないが、「個人情報」には含まれるため、個人情報保護法上の対象となる。
2) 不適切である。個人情報保護法上は第三者提供が可能な場合であっても、それにより当然に金融機関の秘密保持義務まで一律に免責されるわけではない。
3) 適切である。個人情報保護法は、いわゆる公法であり、金融機関と顧客との間の司法上の法律関係を規定することを直接の目的とするものではない。個人情報保護法では、個人情報取扱事業者に対し、各種の義務付けを行っている。
4) 不適切である。個人情報保護法では、管理の対象となる情報は、あくまでもデータ化された個人情報とされているのに対して（個人情報保護法23条以下参照）、秘密保持義務では、この種類・範囲は個人情報保護法よりも広く、個人のみならず、法人や団体などの顧客について金融機関が保有している公開されていないすべての情報（データ化の有無を問わず）が管理の対象となっている。

<u>正解　3)</u>

1－4　機微情報と要配慮個人情報

> 《問》機微（センシティブ）情報に関する次の記述のうち、個人情報保護
> 　　法および金融分野における個人情報保護に関するガイドライン（金
> 　　融分野ガイドライン）に照らし、最も不適切なものはどれか。
> 　1）本人を目視することにより取得できる外形上明らかな要配慮個人情
> 　　報は、機微（センシティブ）情報に該当しない。
> 　2）個人の国籍は、要配慮個人情報に該当しない。
> 　3）日本の裁判所において無罪判決を受けた事実、および外国政府によ
> 　　り刑事事件に関する手続を受けた事実は、いずれも本人を被疑者ま
> 　　たは被告人として刑事事件に関する手続を受けた場合に含まれ、要
> 　　配慮個人情報に該当する。
> 　4）医師の診断によらず、自己判断により市販薬を服用しているという
> 　　情報は、機微（センシティブ）情報に該当しない。

・解説と解答・

1）適切である。機微（センシティブ）情報を定義した金融分野ガイドライン
　5条1項では「本人を目視し、若しくは撮影することにより取得するその
　外形上明らかなものは除く」と規定されている。
2）適切である。個人情報の保護に関する法律についてのガイドライン（通則
　編）において、単純な国籍だけでは要配慮個人情報である「人種」に該当
　しないとの考え方が示されている（個人情報の保護に関する法律について
　のガイドライン（通則編）2－3（1））。
3）適切である（「個人情報の保護に関する法律についてのガイドライン」及
　び「個人データの漏えい等の事案が発生した場合等の対応について」に関
　するQ＆A1－32、1－33）。
4）不適切である。機微（センシティブ）情報には、保健医療に関する情報が
　含まれるが（金融分野ガイドライン5条1項）、この保健医療に関する情
　報には、医師等の診断等によらず、自己判断により市販薬を服用している
　といったケースを含み、要配慮個人情報より対象が広いとされている（金
　融分野における個人情報保護に関するガイドラインにおける機微（センシ
　ティブ）情報の対象範囲参照）。

正解　4）

6

1－5　個人情報の取扱い

《問》次の記述のうち、個人情報保護法および金融分野における個人情報
　　　保護に関するガイドライン（金融分野ガイドライン）に照らし、最
　　　も適切なものはどれか。
　1）営業店の店頭およびＡＴＭコーナーの防犯カメラによって収録され
　　　た来店客の映像は、その他の情報によって個人を識別できたとして
　　　も、「個人情報」に当たることはない。
　2）預金者の犯罪歴を調査したところ、新聞に犯罪歴が掲載されていた
　　　ことが判明した場合、当該金融機関は、その調査結果についてはセン
　　　シティブ情報に該当することから、取得しないようにしなければ
　　　ならない。
　3）顧客本人から契約書等の書類の形で提出を受け、これからデータ
　　　ベースに登録しようとしている情報は、「個人データ」には当たら
　　　ない。
　4）総合口座における貸越契約は、専ら流動性の便宜のための手段を預
　　　金者に提供するサービスであるが、当該サービスの提供における個
　　　人情報の利用目的については、金融分野ガイドラインにいう「与信
　　　事業」の対象として、必ず本人の同意を取得しなくてはならない。

・解説と解答・

1）不適切である。防犯カメラの映像は、それのみでは金融機関以外の第三者
　の目からは特定の個人を識別できない可能性があるものの、「他の情報と
　容易に照合することができ、それにより特定の個人を識別できる」場合で
　あれば、「個人情報」に該当すると解される（個人情報保護法2条1項、
　金融庁『金融分野における個人情報保護に関するガイドライン（案）に対
　する意見募集結果について』2004年12月28日）。
2）不適切である。新聞に掲載された情報といえども「個人情報」に該当す
　る。さらに、「犯罪歴」は、一般に取得が制限される要配慮個人情報およ
　びセンシティブ情報に該当するものとされるが、それが本人、公的機関ま
　たは報道機関から公開された公知情報の場合は、公開情報から要配慮個人
　情報を取得することを制限するのは過度な規制と考えられるため、取得制
　限の例外とされており、また、金融分野ガイドラインではセンシティブ情

報に当たらないものと解される（個人情報保護法20条 2 項 7 号、金融分野ガイドライン 5 条、金融機関における個人情報保護に関するＱ＆Ａ、銀行法施行規則13条の 6 の 7 ）。

3 ）適切である。「個人データ」とは、「個人情報データベース（特定の個人情報について電子計算機を用いて検索することができるように体系的に構成したもの）を構成する個人情報」をいう（個人情報保護法16条）ため、データベースに登録する前の未整理の個人情報は該当しない。

4 ）不適切である。 金融分野ガイドライン 2 条 3 項では、「与信事業に際して個人情報を取得する場合においては、利用目的について本人の同意を得ること」としている。これは、一般に与信を受ける者の立場からは、本人が希望しない利用目的であってもそれを拒否しがたい状況にあることを念頭に置いたものである。他方、総合口座取引では貸越取引が含まれるものの、それは本人の預金や金融商品を担保に現金を引き出すことができる専ら流動性の便宜のための手段であり、通常の与信業務とは性質を異にするものである。このため、総合口座貸越取引について改めて本人の同意を取得する必要はないものと解される（全国銀行協会『「個人情報保護に関するガイドラインに対する意見」の提出について』2004年10月29日、金融庁『「金融分野における個人情報保護に関するガイドライン」（案）に対する意見募集の結果について』2004年12月28日）。

<u>正解　3 ）</u>

1－6　要配慮個人情報

《問》個人情報保護法に規定されている要配慮個人情報に関する次の記述のうち、最も不適切なものはどれか。

1）被害者である預金者の氏名・口座番号を特定した捜査関係事項照会を受けた金融機関は、要配慮個人情報を取得したことになる。
2）「特定の宗教に関する書籍を購入したという情報」は、要配慮個人情報に該当する。
3）「労働組合への加盟」は、機微情報ではあるが要配慮個人情報には該当しない。
4）「法令に基づく場合」は、金融機関は本人の同意なく要配慮個人情報を取得できる。

・解説と解答・

1）適切である。被害者である預金者の氏名・口座番号を特定した捜査関係事項照会には、「犯罪により害を被った事実」が記載されているので、要配慮個人情報を取得したことになる。

2）不適切である。「特定の宗教に関する書籍を購入したという情報」だけでは、それが個人的な信条であるのか、単に情報の収集や教養を目的としたものであるか判断することが困難であるから、こうした情報は「推知情報」にすぎず、要配慮個人情報には当たらない。

3）適切である。金融分野ガイドライン5条1項は、機微（センシティブ）情報を「個人情報保護法2条3項に定める要配慮個人情報並びに労働組合への加盟、門地、本籍地、保健医療および性生活（これらのうち要配慮個人情報に該当するものを除く）に関する情報（本人、国の機関、地方公共団体、学術研究機関等、個人情報保護法57条1項各号に掲げる者若しくは個人情報保護法施行規則6条各号に掲げる者により公開されているもの、又は、本人を目視し、若しくは撮影することにより取得するその外形上明らかなものを除く）」と規定し、その取得、利用または第三者提供を原則として禁止している。機微（センシティブ）情報の取得、利用または第三者提供にあたっては、各種法令や社会通念等に照らして適切な業務運営と判断されること、本人の同意があること、業務遂行上必要な範囲内であることが要件とされる。

　また、個人情報保護法、個人情報保護法施行令では、「要配慮個人情報」を定めている（個人情報保護法2条3項、個人情報保護法施行令2条）。

　要配慮個人情報とは、本人の人種、信条、社会的身分、病歴、犯罪の経歴、犯罪により害を被った事実その他本人に対する不当な差別、偏見その他の不利益が生じないようにその取扱いに特に配慮を要するものとして政令で定める記述等が含まれる個人情報をいう。政令で定める記述等とは、次に掲げる事項のいずれかを内容とする記述等（本人の病歴または犯罪の経歴に該当するものを除く）とされている。

①　身体障害、知的障害、精神障害（発達障害を含む）その他の個人情報保護委員会規則で定める心身の機能の障害があること。

②　本人に対して医師等により行われた疾病の予防および早期発見のための健康診断等の結果。

③　健康診断等の結果に基づき、または疾病、負傷その他の心身の変化を理由として、本人に対して医師等により心身の状態の改善のための指導または診療もしくは調剤が行われたこと。

④　本人を被疑者または被告人として、逮捕、捜索、差押え、勾留、公訴の提起その他の刑事事件に関する手続が行われたこと。

⑤　本人を少年法3条第1項に規定する少年またはその疑いのある者として、調査、観護の措置、審判、保護処分その他の少年の保護事件に関する手続が行われたこと。

4）適切である（個人情報保護法20条2項1号）。

正解　2）

1－7　金融分野ガイドライン

《問》「金融分野における個人情報保護に関するガイドライン（金融分野
　　ガイドライン）」に関する次の記述のうち、適切なものはいくつあ
　　るか。
(a) 金融機関が、保険金の支払や借手の与信判断のために本籍地等に関
する情報を取得することは、業務遂行上必要な範囲内であると認め
られ、原則として、取得等をすることができる。
(b) 与信事業に際して個人情報を取得する場合は、利用目的について
本人の同意を得ることとし、契約書等における利用目的は他の契約
条項等と明確に分離して記載する。
(c) 利用目的による制限の例外として本人の同意を得る場合には、原則
として書面（電磁的記録を含む）によることが求められている。
1）1つ
2）2つ
3）3つ
4）0（なし）

・解説と解答・

(a) 不適切である。金融分野ガイドラインでは、法令等に基づく場合などを除
き、機微（センシティブ）情報の取得、利用または第三者提供を行わない
こととしている（「金融分野ガイドライン」5条1項）。金融機関が、保険
金の支払や借手の与信判断のために本籍地等に関する情報を取得すること
は、業務遂行上必要な範囲内であるとは認められないことから、原則とし
て、取得等を行うことはできない。ただし、業務遂行上、本籍地の取得等
の必要性が認められる場合は、例外として本籍地の取得等が認められるこ
ともあり得る。
(b) 適切である（「金融分野ガイドライン」2条3項）。
(c) 適切である（「金融分野ガイドライン」3条）。

正解　2）

1-8　適合性の原則

《問》金融商品取引法に規定する「適合性の原則」に関する次の記述のうち、最も不適切なものはどれか。
1) 適合性の原則とは、金融商品取引業者等が、金融商品取引行為を行うにあたって、顧客の知識、経験、財産の状況および金融商品取引契約を締結する目的に照らし、不適当と認められる勧誘・販売を行ってはならないとする原則をいう。
2) 適合性の原則違反が認定されると、金融商品取引業者等は、業務改善命令をはじめとした行政処分の対象となる。
3) 純資産が3億円以上あり、かつ、投資性のある金融資産を3億円以上保有する個人は、当然に金融商品取引法上の特定投資家に該当し、適合性の原則は適用されない。
4) 金融商品取引業者等は、顧客に対する金融商品の勧誘・販売の都度、顧客の適合性を判断する必要があるが、法令で示された諸要素に関する顧客情報の情報収集自体は、勧誘・販売の都度行う必要はない。

・解説と解答・

1) 適切である（金融商品取引法40条1号）。
2) 適切である（金融商品取引法51条）。
3) 不適切である。①純資産が3億円以上あること、②投資性のある金融資産が3億円以上あること、③その種類の取引について1年以上の取引経験があること、のすべてを充足する個人については、そのままでは金融商品取引法上の区分は適合性の原則が適用される「一般投資家」であるが、当該個人からの申し出により「特定投資家」に移行することもできる（金融商品取引法34条の4第1項2号、金商業等府令62条）。
4) 適切である。

正解　3)

1－9　金融サービス提供法

> 《問》金融サービス提供法の適用対象となる金融商品について、金融商品
> 販売業者等に説明義務がある「重要事項」に該当しないものは、次
> のうちどれか。
> 1）元本欠損が生ずるおそれがある旨
> 2）元本欠損の原因となる金利、通貨の価格、金融商品市場における相
> 場その他の指標
> 3）当該金融商品の販売の対象である権利を行使することができる期間
> の制限
> 4）クーリング・オフの有無

● 解説と解答 ●

　金融サービス提供法4条1項では、次のように定めている（1号と7号のみ
掲載）。

　金融商品販売業者等は、金融商品の販売等を業として行うときは、当該金融
商品の販売等に係る金融商品の販売が行われるまでの間に、顧客に対し、次に
掲げる重要事項を説明しなければならない。

1　当該金融商品の販売について金利、通貨の価格、金融商品市場における相
　場その他の指標に係る変動を直接の原因として元本欠損が生ずるおそれがあ
　るときは、次に掲げる事項
　①　元本欠損が生ずるおそれがある旨
　②　当該指標
　③　②の指標に係る変動を直接の原因として元本欠損が生ずるおそれを生じ
　　させる当該金融商品の販売に係る取引の仕組みのうちの重要な部分
7　当該金融商品の販売の対象である権利を行使することができる期間の制限
　または当該金融商品の販売に係る契約の解除をすることができる期間の制限
　があるときは、その旨

　なお、「クーリング・オフの有無」は金融商品取引法が定める契約締結前交
付書面の共通記載事項であり（金融商品取引法37条の3第1項7号、37条の
6、金商業等府令82条9号、10号）、金融サービス提供法が定める「重要事項」
には該当しない。

正解　4）

1－10　金融商品取引法

《問》金融商品取引法に関する次の記述のうち、最も適切なものはどれか。

1）普通預金は、金融サービス提供法における「金融商品」に該当するが、金融商品取引法における「金融商品」には該当しない。

2）金融商品取引業者等が、特定投資家と金融商品取引契約を締結しようとするときには、あらかじめ、金融商品取引契約に係る手数料、投資リスクや金融商品取引業者等の商号・登録番号等を記載した契約締結前交付書面を交付しなければならない。

3）すべての高齢者に対して、「リスクの高い商品は販売しない」「一度目の訪問では販売しない」「親族の同席がなければ販売しない」という対応は、適合性の原則の趣旨に合致している。

4）金融商品取引業者等は、有価証券の売買に関して、当該金融商品取引業者等が相手方となって当該売買を成立させるか、または、媒介、取次もしくは代理により当該売買を成立させるかの別を、書面により明らかにしなければならない。

・解説と解答・

1）適切である（金融サービス提供法3条1項1号、金融商品取引法2条24項2号）。

2）不適切である。当該顧客が特定投資家の場合は、「契約締結前の書面交付義務」の適用が除外されている（金融商品取引法45条2号）。なお、その他にも当該金融商品取引契約の締結前1年以内に同種の内容の契約締結前交付書面を交付している場合、既に成立している金融商品取引契約の一部を変更する場合においては、契約変更書面を交付しているとき等も適用が免除される。

3）不適切である。適合性の原則の趣旨とは、顧客の知識、経験、財産の状況、金融商品取引契約を締結する目的に照らして不適当な勧誘をしてはならない、ということである。知識や経験等に関係なく、すべての高齢者に対して一律の対応をすることは、この趣旨に合致していない。

4）不適切である。取引態様の事前明示義務はあるが、書面により明らかにしなければならないわけではない（金融商品取引法37条の2）。　<u>正解　1）</u>

1－11 金融商品取引法、金融サービス提供法

《問》金融商品取引法および金融サービス提供法に関する次の記述のうち、適切なものはいくつあるか。

(a) 「当該金融商品に係る手数料等」は、金融サービス提供法4条に定める金融機関が説明義務を負う重要事項の1つである。

(b) 顧客から重要事項の説明を要しない旨の意思表明があった場合には、金融サービス提供法に照らせば、金融機関はその説明義務をいっさい免除される。

(c) 金融商品取引法には金融機関の説明義務が規定され、顧客の必要性に応じて書面とデジタルのどちらかで情報提供することが定められている。

1) 1つ
2) 2つ
3) 3つ
4) 0（なし）

・解説と解答・

(a) 不適切である。金融機関が説明を要する重要事項は、金融サービス提供法4条1項各号に具体的に定められているが、「当該金融商品に係る手数料等」は重要事項としては定められていない。

(b) 不適切である。金融サービス提供法は重要事項についての説明義務について、次の①および②の場合、金融商品販売業者等の説明義務を免除している。ただし、②の場合には、その販売される商品について例外（商品関連市場デリバティブ取引）があり、また適合性の原則との関係で、説明義務が免除されないこともあり得る（金融サービス提供法4条7項）。

① 顧客が金融商品取引法上の「特定投資家」である場合

② 重要事項について説明を要しない旨の顧客の意思の表明があったとき

(c) 適切である。2023年11月に成立した改正金融商品取引法では、契約締結前に顧客の知識や経験等に応じて、契約内容の説明を行う義務を規定している。また、書面を原則としていた規定について、顧客のデジタル・リテラシーを踏まえつつ、書面とデジタルのどちらで情報提供することも可能とされている。

正解 1)

1 − 12　取引時確認

《問》犯罪収益移転防止法に基づく金融機関の取引時確認に関する次の記
　　述のうち、最も不適切なものはどれか。
　1）顧客等が自然人である場合、取引時確認で確認すべき本人特定事項
　　　とは、「氏名」「住居」「生年月日」および「性別」である。
　2）顧客等が法人である場合、取引時確認で確認すべき本人特定事項と
　　　は、「名称」および「本店または主たる事務所の所在地」である。
　3）顧客等が法人である場合には、本人特定事項に加え「取引を行う目
　　　的」「事業の内容」および「実質的支配者」の確認が必要である。
　4）顧客しか知り得ない事項その他の顧客が確認記録に記録されている
　　　顧客と同一であることを示す事項の申告を受けており、かつ、確認
　　　記録が保存されている顧客との取引については、改めて取引時確認
　　　を行う必要はない。

・解説と解答・

　金融機関等の特定事業者には、取引時確認、確認記録の作成・保存（7年間
保存）、取引記録等の作成・保存（7年間保存）、疑わしい取引の届出、コルレ
ス契約締結時の厳格な確認、外国為替取引に係る通知等を的確に行うための措
置の義務が課されている。
　「取引時確認」とは、特定事業者が特定取引等に際して行わなければならな
い確認をいい、確認方法は、行おうとする取引が、通常の特定取引かハイリス
ク取引のいずれに該当するかにより異なる。
　通常の特定取引を行うに際しては、本人特定事項、取引を行う目的、職業
（自然人）または事業の内容（法人・人格のない社団又は財団※）、実質的支配
者（法人）の確認を行うこととなる。
※ただし、顧客等が国、地方公共団体、上場企業等である場合には、取引の任
　に当たっている自然人（代表者等）の本人特定事項のみを確認する。また、
　顧客等が人格のない社団・財団である場合には、取引の任に当たっている自
　然人（代表者等）の本人特定事項、取引を行う目的、事業の内容を確認す
　る。
　ハイリスク取引を行うに際しては、通常の特定取引と同様の確認事項に加
え、その取引が200万円を超える財産の移転を伴うものである場合には「資産

及び収入の状況」の確認を行う。また、マネー・ローンダリングに利用される
おそれの高い取引であることを踏まえ、「本人特定事項」および「実質的支配
者」については、通常の特定取引を行う場合よりも厳格な方法により確認を行
うこととされている。

1）不適切である。顧客等が自然人である場合の本人特定事項とは、「氏名」
　　「住居」および「生年月日」である（犯罪収益移転防止法4条1項1号）。
　　なお、取引時確認にあたっては、本人特定事項のほか、取引目的および職
　　業を確認する必要がある。

2）適切である（犯罪収益移転防止法4条1項1号）。

3）適切である（犯罪収益移転防止法4条1項2号〜4号）。

4）適切である（犯罪収益移転防止法4条3項、犯罪収益移転防止法施行令13
　　条2項、犯罪収益移転防止法施行規則16条）。

正解　1）

1－13　本人特定事項の確認方法

《問》自然人の「本人特定事項」の確認方法に関する次の記述のうち、最も不適切なものはどれか。なお、各種書類の有効期限は足りているものとする。

1）対面で口座を開設する場合、金融機関窓口で、運転免許証の原本の提示を受けることで本人確認は足りる。

2）対面で口座を開設する場合、金融機関窓口で、後期高齢者医療の被保険者証の原本および住民票の写しの提示を受けることで本人確認は足りる。

3）郵送で口座を開設する場合、国民年金手帳の控えおよび公共料金領収書の原本を徴求し、金融機関が当該取引に係る書類を転送不要郵便で顧客に郵送し、到着したことを確認することで本人確認は足りる。

4）対面で口座を開設する場合、金融機関窓口で、国税または地方税の領収書・納税証明書の原本の提示を受けた後、金融機関が当該取引に係る書類を転送不要郵便で顧客に郵送し、到着したことを確認することで本人確認は足りる。

・解説と解答・

「本人特定事項の確認」とは、顧客等または代表者等の本人特定事項（確認の対象が自然人である場合は氏名、住居および生年月日、法人である場合は名称および本店または主たる事務所の所在地）について、運転免許証等の公的証明書等により確認することをいう。本人特定事項の確認を確実に行うことは、仮名取引やなりすましによる取引の防止に資する。

1）適切である（犯罪収益移転防止法施行規則6条1項、7条）。

2）適切である（犯罪収益移転防止法施行規則6条1項、7条）。

3）適切である（犯罪収益移転防止法施行規則6条1項、7条）。

4）不適切である。国税または地方税の領収書・納税証明書は、本人確認の補完書類に当たるため、単体では本人確認書類として使用できない（犯罪収益移転防止法施行規則6条1項、7条）。

正解　4）

〈参考〉犯罪収益移転防止法におけるオンラインで完結可能な本人確認方法

　犯罪収益移転防止法では、オンラインで完結可能な本人確認方法として、従前から公的個人認証サービス等の電子証明書を用いた方法が整備されているほか、2018年11月には、犯罪収益移転防止法施行規則が改正され、本人確認書類の画像・IC チップ情報等を用いた新たな方法も整備された。

１．個人顧客向け

（１）本人確認書類を用いた方法（①「写真付き本人確認書類の画像」＋「容貌の画像」を用いた方法、②「写真付き本人確認書類の IC チップ情報」＋「容貌の画像」を用いた方法、③「本人確認書類の画像又は IC チップ情報」＋「銀行等への顧客情報の照会」を用いた方法、④「本人確認書類の画像又は IC チップ情報」＋「顧客名義口座への振込み」を用いた方法）

（２）電子証明書を用いた方法（①「公的個人認証サービスの署名用電子証明書（マイナンバーカードに記録された署名用電子証明書）」を用いた方法、②「民間事業者発行の電子証明書」を用いた方法）

２．法人顧客向け

・「登記情報提供サービスの登記情報」を用いた方法

・「電子認証登記所発行の電子証明書」を用いた方法

1-14　犯罪収益移転防止法①

《問》犯罪収益移転防止法に関する次の記述のうち、最も適切なものはどれか。

1）10万円を超える現金による振込や、10万円を超える現金を持参人払式小切手により受け取る取引は、特定取引に当たり、取引時確認が必要になる。

2）金融機関は、確認記録を、特定取引等に係る契約が終了した日から、10年間保存しなければならない。

3）イラクおよび北朝鮮に居住または所在する顧客との取引はハイリスク取引に該当し、当該顧客の本人特定事項の確認方法は、通常取引の際に行う確認方法に加え、別個の本人確認書類または補完書類の提示または送付を受ける必要がある。

4）100万円を超える現金の払戻しに係る取引は、特定取引に当たり、取引時確認が必要になる。

・解説と解答・

1）適切である（犯罪収益移転防止法施行令7条1項1号ケ）。

2）不適切である。確認記録の保存期間は、特定取引等に係る契約や取引の終了した日から7年間である（犯罪収益移転防止法6条2項、7条3項）。

3）不適切である。現時点（2023年3月現在）でマネー・ローンダリング対策が不十分であると認められる特定国は「イラン」と「北朝鮮」である（犯罪収益移転防止法施行令12条2項、犯罪収益移転防止法施行規則14条）。

4）不適切である。200万円を超える現金の預入れまたは払戻しに係る取引は、特定取引に当たり、取引時確認が必要になる（犯罪収益移転防止法施行令7条1項1号ケ）。

正解　1）

1－15　犯罪収益移転防止法②

《問》犯罪による収益の移転防止に関する法律に規定する「疑わしい取
引」を判断する際に勘案すべき事項に関する次の記述のうち、最も
不適切なものはどれか。
1) 当該取引に係る取引時確認の結果
2) 当該取引の態様その他の事情
3) 犯罪収益移転危険度調査書の内容
4) 当該顧客との取引の成立・不成立の区別

• 解説と解答 •

1) 適切である。疑わしい取引に該当するかの判断は、①当該取引に係る取引
時確認の結果、②当該取引の態様その他の事情、および③犯罪収益移転危
険度調査書の内容を勘案しなければならない（犯罪収益移転防止法8条2
項）。
2) 適切である（犯罪収益移転防止法8条2項）。
3) 適切である（犯罪収益移転防止法8条2項）。
4) 不適切である。警察庁「犯罪収益移転防止法の概要（令和5（2023）年6
月1日時点）」46頁「顧客等が特定業務に関し組織的犯罪処罰法10条の罪
もしくは麻薬特例法6条の罪に当たる行為を行っている疑いがある場合」
において、「この規定については、顧客等との取引が成立したことは必ず
しも必要ではなく、未遂に終わった場合や契約の締結を断った場合でも届
出の対象となる」との記載があり、取引が成立したこと、不成立となった
ことに関わらないとされている。

正解　4)

1 −16 疑わしい取引の届出制度

《問》犯罪収益移転防止法に基づく疑わしい取引の届出制度に関する次の
記述のうち、最も不適切なものはどれか。
1) 疑わしい取引として届出すべき事項は政令に定められており、対象
取引が発生した業務の内容および対象取引に係る財産の内容も届出
すべき事項である。
2) 疑わしい取引の届出方法は、文書による届出のほか、電磁的記録媒
体による届出およびインターネットを利用した電子申請による届出
の3つの方法がある。
3) 疑わしい取引か否かの判断は、①一見取引、②継続取引の2つの区
分に応じ、それぞれ犯罪収益移転防止法施行規則の定める方法に
よって確認を行う。
4) 金融庁が示している「疑わしい取引の参考事例」に形式的に合致し
ない取引であっても、金融機関等が疑わしい取引に該当すると判断
したものは、届出の対象となる。

・解説と解答・

1) 適切である（犯罪収益移転防止法施行令16条2項）。
2) 適切である（犯罪収益移転防止法施行規則25条）。
3) 不適切である。①一見取引、②継続取引、③ハイリスク取引またはこれ以
外のものでリスクが高いと思われる取引の区分に応じ、それぞれ犯罪収益
移転防止法施行規則の定める方法により確認を行う（犯罪収益移転防止法
施行規則27条）。
4) 適切である（犯罪収益移転防止法8条1項）。警察庁「犯罪収益移転防止
法の概要（令和5（2023）年6月1日時点）」47頁において「ガイドライ
ンはあくまで目安となる参考事例を例示しているものですので、ガイドラ
インに掲載されている事例に形式的に合致するものがすべて疑しい取引に
該当するものではない一方、事例に該当しない取引であっても、特定事業
者が疑しい取引に該当すると判断したものは届出の対象となることに注意
してください。」との記載がある。

正解 3)

1－17　未成年者との取引

> 《問》未成年者の法律行為に関する次の記述のうち、最も不適切なものは
> どれか。
> 　1）未成年者は、一部の例外を除き、単独で法律行為をすることができ
> 　　ない。
> 　2）未成年者が法律行為をするには、法定代理人の同意が必要である。
> 　3）未成年である子の法定代理人は、原則として親権者であるが、親権
> 　　の行使は父母のいずれか一方が行うのが原則である。
> 　4）未成年者が法定代理人の許可を得て一種または数種の営業を行う場
> 　　合、当該未成年者はその営業に関しては成年者と同一の行為能力を
> 　　有する。

・解説と解答・

　法律行為とは、権利の発生、変更、消滅などの権利変動の原因となるもの
で、例えば、各種の契約、遺言、会社の設立行為などが挙げられる。
1）適切である。未成年者が法律行為をするには、その法定代理人の同意を得
　なければならず、これに違反する法律行為は取り消すことができる（民法
　5条）。ただし、単に権利を得、または義務を免れる法律行為について
　は、法定代理人の同意を得ないで、単独で行うことができる（民法5条1
　項但書）。また、法定代理人が目的を定めて処分を許した財産をその目的
　の範囲内において処分するとき、法定代理人が目的を定めないで処分を許
　した財産を処分するときも、未成年者が単独で行うことができる（民法5
　条3項）。
2）適切である。未成年者の法定代理人は、第一次的には親権者であり、子の
　監護および教育の権利義務を有し（民法820条）、子の財産の管理と財産に
　係る法律行為の代表権を有する（民法824条）。親権者がいないか、親権者
　が管理権を有しないときは未成年後見人がこれにあたる（民法838条1項）。
3）不適切である。未成年である子は父母の親権に服しており（民法818条1
　項）、親権は、父母の婚姻中は、父母が共同して行う（民法818条3項）。ま
　た、子が養子であるときは、養親の親権に服する（民法818条2項）。
4）適切である（民法5条1項、6条1項、823条1項）。

正解　3）

1－18　成年後見制度①

《問》成年後見制度に関する次の記述のうち、最も不適切なものはどれ
か。

1）精神上の障害により判断能力を欠く常況にある者で、家庭裁判所に
　よる後見開始の審判を受けた者は成年被後見人となり、成年被後見
　人の財産に関する法律行為の法定代理人として成年後見人が家庭裁
　判所から選任される。

2）精神上の障害により判断能力が著しく不十分である者で、家庭裁判
　所による保佐開始の審判を受けた者は被保佐人となり、法定された
　一定の範囲の行為を行うには、家庭裁判所から選任された保佐人の
　同意を得る必要がある。

3）精神上の障害により判断能力が不十分である者で、家庭裁判所によ
　る補助開始の審判を受けた者は被補助人となり、補助人が家庭裁判
　所から選任される。補助人は、特定の法律行為について同意権を付
　与され、補助人の同意が必要な行為について、その同意またはこれ
　に代わる許可を得ないで行った被補助人の行為は、本人または補助
　人により取り消すことができる。

4）本人が十分な判断能力があるうちに、将来、判断能力が不足する状
　態になった場合に備え、将来任意後見人となる任意後見受任者と公
　正証書による任意後見契約を締結し、自己の生活、療養看護および
　財産の管理を任意後見受任者に委託しておくと、現実にその必要が
　生じた場合、家庭裁判所に後見開始の申立てを行うことによって登
　記されている契約の効力が生じ、任意後見受任者は任意後見人とな
　り、契約に定められた代理権を行使することができる。

・解説と解答・

1）適切である（民法7、8条）。なお、成年被後見人が行った法律行為は、
　日用品の購入その他日常生活に関する行為を除き、取り消すことができる
　（民法9条）。

2）適切である（民法11条、12条、13条）。なお、保佐人の同意を得る必要が
　ある法律行為は以下のとおりであり（民法13条1項）、金融機関との取引
　は原則としてこれに該当する。

① 元本を領収し、または利用すること。

② 借財または保証をすること。

③ 不動産その他重要な財産に関する権利の得喪を目的とする行為をすること。

④ 訴訟行為をすること。

⑤ 贈与、和解または仲裁合意をすること。

⑥ 相続の承認もしくは放棄または遺産の分割をすること。

⑦ 贈与の申込みを拒絶し、遺贈を放棄し、負担付贈与の申込みを承諾し、または負担付遺贈を承認すること。

⑧ 新築、改築、増築または大修繕をすること。

⑨ 民法602条に定める期間を超える賃貸借をすること。

⑩ 前各号に掲げる行為を制限行為能力者の法定代理人としてすること。

3）適切である（民法15条、16条、17条）。

4）不適切である。家庭裁判所は、任意後見契約の登記がされている場合において、現実に本人の判断能力が不足する状態が生じた場合、本人、配偶者、親族等の請求により、任意後見監督人を選任することで、任意後見受任者は任意後見人となり、任意後見契約に定められた代理権を行使することができるようになる（任意後見契約に関する法律2条、4条）。

<u>正解　4）</u>

（参考）法定後見制度

		後見	保佐	補助
開始手続	申立権者	本人、配偶者、4親等内の親族、検察官等、任意後見受任者、任意後見人、任意後見監督人、市町村長		
	本人の同意	不要	不要	必要
同意権・取消権	保護者の同意権の有無	成年後見人は同意権を有しない。	原則として民法13条1項各号所定の行為は保佐人の同意が必要。日常生活に関する行為は同意不要。	被補助人は法律行為を単独で有効にできるが、審判によって定められた特定の法律行為（民法13条1項各号所定の行為の一部）は補助人の同意が必要。
	成立要件	後見開始の審判	保佐開始の審判	補助開始の審判 代理権付与の審判 本人の同意
	取消権者	本人・成年後見人（日常生活に関する行為は取消権の対象外）	本人・保佐人	本人・補助人
代理権	保護者の代理権の有無	成年後見人は、本人の日常生活に関する行為を除く法律行為に関して代理権を有する。	保佐人は法律上当然には代理権がなく、審判によって定められた「特定の法律行為」にのみ代理権を有する。	補助人は法律上当然には代理権がなく、審判によって定められた「特定の法律行為」にのみ代理権を有する。
	成立要件	後見開始の審判	保佐開始の審判 代理権付与の審判 本人の同意	補助開始の審判 代理権付与の審判 本人の同意

1－19 成年後見制度②

《問》成年後見制度に関する次の記述のうち、最も適切なものはどれか。
1）家庭裁判所による後見・保佐・補助の審判の結果は本人の戸籍に登記されるので、新規の口座開設等の場合は、戸籍謄本の提出を受けて確認する必要がある。
2）成年後見人は日用品の購入等を除くすべての法律行為で本人（成年被後見人）を代理し、任意後見人は任意後見契約で定める法律行為について本人を代理するため、これらについて直接本人と行った法律行為は取り消される可能性がある。
3）補助人は家庭裁判所の審判によって、被補助人が行う特定の法律行為について同意を与えるほか、それらの行為について被補助人を代理することがある。
4）保佐人は被保佐人が行う一定の範囲の重要な財産上の行為について同意権のみを有し、それらの行為について保佐人は被保佐人を代理することはできない。

・解説と解答・

1）不適切である。旧制度の禁治産・準禁治産制度では審判の内容が本人の戸籍に登記されたが、成年後見制度では特定の法務局が保管する専用の後見登記等ファイルに登記され、その内容は登記事項証明書として一定範囲の関係人にのみ交付される（後見登記等に関する法律4条～10条）。
2）不適切である。成年被後見人の法律行為は日用品の購入等を除き取り消すことができるが（民法9条）、任意後見制度では取消権の制度は置かれていない。
3）適切である（民法17条1項、876条の7、876条の9）。
4）不適切である。家庭裁判所の審判により被保佐人のために特定の法律行為について保佐人に代理権を付与することができる（民法876条の4）。ただし、被保佐人以外の者がその審判の申立てを行った場合には、代理権付与の審判には被保佐人の同意が必要である。

<u>正解　3）</u>

1 −20　成年後見登記制度

《問》成年後見登記制度に関する次の記述のうち、最も不適切なものはどれか。
1 ）成年後見登記制度において、成年後見人と取引を行う金融機関は、その成年後見人が後見する成年被後見人が登記されている登記記録に係る登記事項証明書の交付を法務局に請求することができる。
2 ）成年後見登記制度は法定後見制度と任意後見制度の両方を対象としているので、登記事項により任意後見契約の締結の有無についても確認することができる。
3 ）成年後見人は、成年被後見人が死亡したことを知った場合、終了の登記を申請しなければならない。
4 ）後見等の開始の審判を受けていない者は、自己について後見登記等の登記がされていないことの証明書の交付を受けることができる。

・解説と解答・

1 ）不適切である。何人も自己を成年被後見人とする登記記録に係る登記事項証明書の交付を請求することはできるが、成年後見人の取引の相手方となる金融機関は交付請求することはできない（後見登記等に関する法律10条1 項 1 号）。
2 ）適切である。成年後見登記は、法定後見制度と任意後見制度を対象としており、法定後見開始の審判がされたとき、任意後見契約の公正証書が作成されたとき、任意後見監督人の選任の審判がされたときなどに、家庭裁判所または公証人の嘱託によって登記が行われる（後見登記等に関する法律4 条、5 条）。
3 ）適切である（後見登記等に関する法律4 条、8 条）。
4 ）適切である（後見登記等に関する法律10条1 項 1 号）。

正解　1 ）

1−21　法人の代表権

《問》法人等の代表権等に関する次の記述のうち、最も不適切なものはど
れか。
1）株式会社の取締役が複数で、代表取締役の選任がない場合は、すべ
ての取締役がそれぞれ代表権を持つ。
2）合同会社は、全社員が有限責任社員で構成されており、全社員が代
表権を有するが、定款の定めにより、一部の社員のみに業務執行権
や代表権を与えることができる。
3）権利能力なき社団との取引は、原則として、当該社団の代表者とさ
れている者またはその代理人を相手として行う。
4）学校法人との取引は、学校長を代表者として行う。

・解説と解答・

1）適切である（会社法349条2項）。なお、取締役が1名の場合は当該取締役
が、取締役が複数で代表取締役が1名の場合は当該代表取締役が、取締役
が複数で代表取締役が複数選任されている場合はすべての代表取締役が、
それぞれ代表権を持つ（同法349条1項但書）。
2）適切である。合同会社は、全社員が有限責任社員で構成され（会社法576
条1項5号・4項）、定款に別段の定めがなければ各自が会社の業務執行
権を有し（同法590条1項）、また、代表権を有するが（同法599条1項、
2項）、その中から代表権を有する者を定めることもできる（同法599条3
項）。
3）適切である。
4）不適切である。学校法人には役員として理事5人以上および監事2人以上
を置き、理事のうち1人は、寄附行為の定めるところにより理事長となり
（私立学校法35条）、学校法人を代表する（同法37条）。よって、職務上の
呼称である学校長が必ずしも代表者であるとは限らない。

正解　4）

1 －22　法人の特徴

《問》法人の特徴等に関する次の記述のうち、最も不適切なものはどれ
か。

1) 有限会社を新たに設立することはできず、現在、有限会社を名乗る
法人は、会社法上の特例有限会社である。

2) 金融機関は、株式会社と取引をする場合、商業登記簿の登記事項証
明書の提出を求め、法人格の有無を確認し、適切な代表者と取引を
する必要があるが、代表者が複数いる場合は、代表者の全員を取引
の相手方としなければならない。

3) 外国会社は外国の法令に準拠して設立された法人であり、日本にお
いて継続的取引を行うためには、日本における代表者を定め、日本
における同種の会社または最も類似する会社の種類に従って登記を
しなければならない。

4) 一般社団法人は、一般社団法人及び一般財団法人に関する法律に基
づいて法人格が付与された社団であり、その構成員は社員だが、社
員に剰余金または残余財産の分配を受ける権利を与える旨を定款に
定めても、効力を有しない。

・解説と解答・

1) 適切である（会社法の施行に伴う関係法律の整備等に関する法律2条、3
条）。なお、特例有限会社で取締役を複数人選任した場合は、各取締役が
会社を代表するが、代表取締役を選定することもできる。

2) 不適切である。会社法では共同代表取締役制度は廃止されており、複数名
が代表取締役として登記されている場合、各自が代表権を有するので、各
自が契約を締結する等の行為が可能である（会社法349条、911条）。

3) 適切である（会社法933条2項）。

4) 適切である（一般法人法11条2項)。

正解　2)

1－23　権利能力なき社団との取引

《問》権利能力なき社団に関する次の記述のうち、最も不適切なものはど
　れか。
　1）自治会や町内会等は、一般に、権利能力なき社団とされるが、市町
　　村長の認可を受けることにより、認可地縁団体として法人格を持つ
　　ことができる。
　2）権利能力なき社団の預金は、社団員の共有に属するので、個々の社
　　団員から預金の払戻請求があったときは、それに応じることができ
　　る。
　3）権利能力なき社団との取引において、代表者の変更があっても社団
　　の実体には変化がなく、総会議事録等によりその事実が確認できれ
　　ば、代表者の変更届を受理し、そのまま取引を継続しても差し支え
　　ない。
　4）預金保険法では、名寄せにあたり、権利能力なき社団は1社団を1
　　預金者として扱う。

●解説と解答●

　権利能力なき社団とは、①団体としての組織を備え、②多数決の原則が行わ
れ、③構成員の変更にかかわらず団体が存続し、④代表の方法、総会の運営、
財産の管理などといった団体としての主要な点が確定している団体である（最
判昭39.10.15）。
　権利能力なき社団との預金取引は、社団の代表者または代理人を相手方とす
る。また、社団自体が訴訟当事者としての能力を有している。
　1）適切である。認可地縁団体とは、自治会、町内会等広く地域社会全般の維
　　持や形成を目的とした団体・組織のなかでも、地方自治法などに定められ
　　た要件を満たし所定の手続を経て法人格を得たものを指す。
　　　地縁による団体とは、町または字の区域その他市町村内の一定の区域に
　　住所を有する者の地縁に基づいて形成された団体をいう。
　　①　認可を受けた地縁による団体の権利能力
　　　　法律上の権利義務の主体となり、認可地縁団体は法人格を有し、土
　　　地、集会施設等の不動産を団体名義で登記できる。また、団体の活動に
　　　資する財産を団体名義で所有、借用できる。

②　市町村長による認可要件
　・その区域の住民相互の連絡、環境の整備、集会施設の維持管理等、良好な地域社会の維持および形成に資する地域的な共同活動を行うことを目的とし、現にその活動を行っていると認められること
　・その区域が、住民にとって客観的に明らかなものとして定められていること
　・その区域に住所を有するすべての個人は、構成員となることができるものとし、その相当数の者が現に構成員になっていること
　・規約を定めていること
　※規約に定める事項（法律で義務付けられているもの）は、目的、名称、区域、事務所の所在地、構成員の資格に関する事項、代表者に関する事項、会議に関する事項、資産に関する事項である。
2）不適切である。社団の財産は社団員の総有となるので、共有の場合と異なり、個々の社団員には、預金の払戻しを受ける権利はない。また、各構成員は、社団財産の持分の処分や分割請求、持分の払戻しはできない。
3）適切である。
4）適切である。

正解　2）

第2章

預金取引

2−1 預金契約

《問》預金契約に関する次の記述のうち、最も不適切なものはどれか。
1）当事者間の合意だけで成立する契約を諾成契約といい、当事者間の合意のほかに、目的物の引渡しがあってはじめて成立する契約を要物契約というが、預金契約は要物契約とされる。
2）預金契約は、預金者が金融機関に金銭の保管を委託し、金融機関はこれを運用し、後日預金者から返還の請求を受けたときに、同種、同額の金銭を返還することを内容とする契約であり、消費寄託契約としての性質を有している。
3）普通預金契約は、個々の預入れの都度に異なる預金債権が成立するのではなく、残高金額についての一個の預金債権が成立すると考えるのが一般的である。
4）顧客が金銭の預入れなしに普通預金口座を開設し、引き続き預入れを行わなかった場合でも、顧客は自由に当該普通預金口座を解約することができる。

・解説と解答・

1）不適切である。預金契約は消費寄託契約を基本とする契約で要物契約とされてきたが、2020年4月1日施行の改正民法で、寄託契約は諾成契約となった（民法657条）。
2）適切である（民法666条）。
3）適切である。
4）適切である。寄託者は受寄者が寄託物を受け取るまで、契約の解除ができるとされており（民法657条の2第1項）、口座が開設されただけで預金残高がゼロの段階においても預金者は自由に口座を解約することができる。

正解　1）

2 - 2　定期積金

> 《問》定期積金に関する次の記述のうち、最も不適切なものはどれか。
> 1 ）定期積金契約は、当事者の合意によって契約が成立する諾成契約である。
> 2 ）契約者は、満期日に、払い込んだ掛金の総額に給付補塡金を加えた給付契約金の支払を受ける。
> 3 ）定期積金は、「障害者等の少額預金の利子所得等の非課税制度（マル優)」の利用はできない。
> 4 ）給付補塡金は所得税法では雑所得とされ、確定申告により損益通算することができる。

・解説と解答・

1 ）適切である。預金契約は2020年 4 月 1 日施行の改正民法で、契約の性質が従前の要物契約から諾成契約に変更されたが、定期積金契約の性質は一貫して諾成契約とされている。

2 ）適切である。

3 ）適切である（所得税法10条 1 項）。

4 ）不適切である。給付補塡金は、所得税法では雑所得であるが、金融類似商品として源泉分離課税の対象となるため、確定申告をすることができない（租税特別措置法 4 条の10）。

正解　4 ）

2－3　独占禁止法①

> 《問》預金と私的独占の禁止及び公正取引の確保に関する法律（独占禁止法）の関係に関する次の記述のうち、最も不適切なものはどれか。
> 1 ）歩積預金は、融資をする際に、融資代り金の一部を預金として拘束するものであり、両建預金は手形割引をする際に、割引代り金の一部を預金として受け入れ、払出しを拘束するものである。
> 2 ）歩積預金や両建預金は、金融機関の優越的地位の濫用にあたるとされ、独占禁止法に抵触する不適切な取引として禁止されている。
> 3 ）同一市内に店舗がある複数の金融機関の担当者が会合を開き、大口定期預金の標準金利を決定して遵守する行為は、独占禁止法に抵触する。
> 4 ）過当な拘束性預金が優越的地位の濫用として独占禁止法違反と認定された場合、事業者に対して課徴金が課せられる。

・解説と解答・

1 ）不適切である。歩積預金は手形割引をする際に、割引代り金の一部を預金として受け入れるもので、両建預金は融資をする際に、融資代り金の一部を預金として受け入れるものである。独占禁止法の優越的地位の濫用に該当するほか、預金として資金を拘束するため、利息制限法の制限利率違反（同法 1 条）の問題も生ずる。

2 ）適切である。歩積預金・両建預金は金融機関が割引代り金、融資代り金の一部を預金として受け入れ、その払出しを拘束している預金であり、独占禁止法19条で禁止する不公正な取引方法の優越的地位の濫用に該当する。

3 ）適切である。会合に参加した金融機関は、同一市内において互いに競争すべき事業者であり、標準金利を相談して決める行為は独占禁止法 3 条で禁止する不当な取引制限（カルテル行為）に該当する。

4 ）適切である。不当な取引制限（事業者間および事業者団体で行った価格カルテル、入札談合等）、私的独占、および不公正な取引方法のうち法定行為類型である共同の取引拒絶、不当な差別対価、不当廉売、再販売価格の拘束または優越的地位の濫用などが課徴金の対象となる。

正解　1 ）

2 - 4　独占禁止法②

《問》「私的独占の禁止及び公正取引の確保に関する法律（独占禁止法）」に関する次の記述のうち、最も不適切なものはどれか。

1）金融機関が独自の判断に基づき、個々の取引において、「日本円ＴＩＢＯＲ」あるいは「日本円ＴＩＢＯＲ＋α」を取引金利として使用することは、独占禁止法上、問題とならない。
2）金融機関が顧客に対し、金融商品の購入を条件に、有利な条件での融資を提供することは、独占禁止法上、問題となる。
3）預金金利を他金融機関と協議して同一水準とする行為は、独占禁止法上、問題となる。
4）複数の金融機関が共同して、自社の顧客が他の提携金融機関のＡＴＭを利用した際に支払う手数料を無料化することは、独占禁止法上、問題となる。

●解説と解答●

1）適切である。
2）適切である（独占禁止法2条9項）。
3）適切である。預金金利はいわば金融機関が提供する商品の価格であり、自由競争により金利水準を決定すべきもののため、他の金融機関と協議して同一水準とする行為は、独占禁止法3条で禁止する不当な取引制限（独占禁止法2条6項）に該当する。
4）不適切である。オンライン提携手数料の無料化は、顧客の利益を害するものとはいえないため、独占禁止法上問題となるものではない（独占禁止法に関する相談事例集（平成24年度）：複数の提携金融機関が共同して、自社の顧客が他の提携金融機関のATMを利用した際に支払う手数料を無料化することは、独占禁止法上問題となるものではないと回答した事例）。

正解　4）

2－5　導入預金

《問》導入預金に関する次の記述のうち、最も不適切なものはどれか。

1）預金者または預金媒介者が融資を受けようとする特定の第三者と意思を通じていることは、導入預金が成立する要件の1つである。

2）導入預金と認識しながら応じた金融機関の役員または職員は、懲役または罰金刑が科せられる。

3）有力取引先Aから、新規で大口定期預金を預入する知人Bを紹介するので知人Cに無担保融資をしてほしいとの依頼を受けた場合、知人Cが自金融機関の既存取引先であっても、導入預金に係る要件を満たしている場合には、Bとの預金取引は導入預金に該当する。

4）導入預金は「預金等に係る不当契約の取締に関する法律」により禁止されており、預金契約自体が無効である。

・解説と解答・

1）適切である（預金等に係る不当契約の取締に関する法律2条）。

2）適切である（両罰規定。預金等に係る不当契約の取締に関する法律5条1項1号、3条、6条1項）。

3）適切である。導入預金が成立する要件として、①預金者がその預金について預金利息以外に特別の金銭上の利益を得る目的があること、②預金を受け入れた金融機関がその預金を担保にとることなく預金者の指定する第三者に貸付または債務保証をすること、③預金者がその第三者と通じていること、のすべてを満たす必要がある（預金等に係る不当契約の取締に関する法律2条）。融資を受ける者が自金融機関の既存取引先であることは、導入預金成立の要件に影響を及ぼさない。

4）不適切である。導入預金は、法律に違反するが、判例上、いわゆる導入預金であっても、その契約自体は民法90条に抵触する無効のものとまでは言えないとされており、私法上の効力まで否定されるものではなく預金契約は有効である。

<u>正解　4）</u>

2 - 6　預金債権の成立

> 《問》現金の受入れによる預金債権の成立に関する次の記述のうち、最も不適切なものはどれか。
>
> 1 ）預金者が第三者から盗取した現金であることを知りながら、その現金を金融機関が受け入れた場合、預金債権の成立は無効とされることがある。
> 2 ）第三者からの現金振込みによる入金の場合、被仕向金融機関が仕向金融機関から振込通知を受信し、それに基づき受取人の預金口座元帳に記帳した時に、預金債権が成立する。
> 3 ）現金による店頭での入金の場合、顧客が現金を窓口に差し出し、入金を申し出ただけでは足りず、窓口の預金契約の締結権限のある係員（テラー）が現金を受領し、金額を確認した時に、預金債権が成立する。
> 4 ）渉外担当者が取引先を往訪し、入金のため取引先から現金を受け取った場合、当該担当者における預金契約の締結権限の有無にかかわらず、現金を受領した時に、預金債権が成立する。

・解説と解答・

1 ）適切である。金融機関が盗取の事実について善意無過失である場合、預金債権は有効に成立するが、悪意の場合は公序良俗違反で成立しないことがある。
2 ）適切である。現金振込による入金の場合は、被仕向金融機関が振込通知を受信しただけでは足りず、受取人の預金口座元帳に入金記帳した時に成立する。
3 ）適切である。
4 ）不適切である。集金扱いにおける預金債権の成立時期は、集金者の預金契約の締結権限の有無によって異なると解され、締結権限があれば、集金先で金額を確認して現金を受領した時点、締結権限がなければ、金融機関内部で所定の入金手続を行った時となる。

正解　4 ）

2－7　振込の取消し

《問》仕向金融機関が被仕向金融機関宛に発信した振込通知の取消し・組
戻しに関する次の記述のうち、最も不適切なものはどれか。
1）仕向金融機関は、振込通知の発信を誤ったときは、誤った内容の電
文を発信した日の翌営業日までに被仕向金融機関宛に取消依頼電文
を発信しないと、取消しを行うことができなくなる。
2）仕向金融機関が振込通知を誤って重複発信した場合、取消手続によ
ることができ、取消しの通知を受けた被仕向金融機関は、受取人口
座に入金記帳済みであっても、受取人の承諾を得ることなく資金を
返却することができる。
3）仕向金融機関が、振込依頼人の依頼内容と異なる「受取人名」を
誤って発信したときは、取消手続により振込通知の全内容を取り消
したうえで、正しい「受取人名」の振込通知を発信し直すことがで
きる。
4）振込依頼人が仕向金融機関に誤った振込依頼をしたことによる誤振
込の場合、組戻しの依頼を受けた被仕向金融機関は、受取人口座に
入金記帳前であるときは、受取人の承諾を得ることなく資金を返却
することができる。

・解説と解答・

1）適切である。被仕向金融機関および受取人への影響と、取引の安定のため
に、取消し時限が設けられている。
2）適切である（全国銀行協会「普通預金規定（個人用）〔参考例〕」〔振込金
の受入れ〕（2））。
3）不適切である。振込通知の取消しは、取消しの原因が仕向金融機関の事務
処理上の誤りのうち、内国為替取扱規則に定める原因（①重複発信、②受
信金融機関名・店名相違、③通信種目コード相違、④金額相違、⑤取扱日
相違）による場合に限られる。「受取人名」の誤りは、取消手続ではな
く、既に発信した振込通知の内容の一部を修正する訂正手続となる。
4）適切である。振込依頼人の誤った依頼を原因とする組戻しは、振込に係る
委任者からの委任契約の解除と解され、受取人口座に入金記帳前であれ
ば、受取人の承諾を得ることなく資金を返却することができる。

正解　3）

2−8　預金の受入れ

> 《問》普通預金における預金の受入れに関する次の記述のうち、最も適切
> なものはどれか。
> 1）普通預金口座には、現金のほか、手形、小切手、配当金領収証その
> 　他の証券で直ちに取立てのできるものおよび為替による振込金を預
> 　け入れることができる。
> 2）当店券による入金の場合、その決済を確認しなくても預金債権が成
> 　立する。
> 3）当店券による入金手続を行った後、当日中に不渡通知を行って預金
> 　債権の成立を否定することは、信義誠実の原則から認められない。
> 4）他店券による入金の場合は、当該他店券を受け入れた日に、預金債
> 　権が成立する。

・解説と解答・

1）適切である（全国銀行協会「普通預金規定（個人用）〔参考例〕」〔証券類
　の受入れ〕（1））。

2）不適切である。当店券の場合、当座勘定規定では、その決済を確認したう
　えでなければ支払資金としない旨定めているので、決済の確認すなわち支
　払人口座からの引落しがなされた時に、預金債権が成立する。

3）不適切である。当店券による入金では、入金手続後に入金された当店券の
　支払の可否が確認されるため、万一、支払資金が不足するときは、預金者
　に入金取消の通知をすることも実務慣行として認められている。

4）不適切である。他店券による入金があった場合の預金債権の成立時期につ
　いては、①他店券による入金と同時にその他店券が金融機関に譲渡され、
　その譲渡代金によって預金債権が成立するとする譲渡説と、②他店券の取
　立終了を待って預金債権が成立するとする取立委任説があるが、判例や実
　務は取立委任説をとることを明らかにしており、他店券の取立が完了した
　時に、預金債権が成立する。

正解　1）

42

2-9 印鑑照合

《問》印鑑照合に関する次の記述のうち、最も不適切なものはどれか。
1) 印鑑照合の方法について、特段の事情のない限り、折り重ねによる
 照合や拡大鏡等による照合をするまでの必要はなく、肉眼による平
 面照合の方法をもってすれば足りる。
2) 印鑑照合に際して払うべき注意義務の程度について、金融機関の照
 合事務担当者に対して、社会通念上一般に期待されている業務上相
 当の注意をもって慎重に行うことを要するとされている。
3) 払戻請求書等に使用された印影を届出の印鑑と相当の注意をもって
 照合し、相違ないものと認めて取り扱った場合に免責される旨の預
 金規定の免責約款は、金融機関が善意無過失の場合に適用され、そ
 の払戻しは有効とされる。
4) 払戻請求者が正当な受領権限を有しないことを疑わせる特段の事情
 がある場合でも、照合事務担当者が業務上相当の注意をもって印鑑
 照合を行い、相違ないものと認めて払戻しをしたときは、預金規定
 の免責約款により、当該払戻しは有効とされる。

• 解説と解答 •

1) 適切である。
2) 適切である。
3) 適切である。免責約款は有効であるが、金融機関が善意無過失でなければ
 適用されない。免責約款は、通常の払戻しの場合は、特にあやしむべき事
 情がない限り、印鑑照合により金融機関が免責されることを定めた規定で
 ある。
4) 不適切である。払戻請求者の挙動不審、性別の不一致、住所電話番号の書
 き間違い等、正当な受領権限を有しないことを疑わせる特段の事情がある
 場合には、印鑑照合のみならず、正当な受領権限の確認について注意義務
 が加重されるので、免責約款による免責は受けられないことがある。

<u>正解 4)</u>

2 −10　預金の払戻し

《問》預金の払戻しと、民法478条「受領権者以外の者であって取引上の
　　社会通念に照らして受領権者としての外観を有するものに対して
　　した弁済は、その弁済をした者が善意であり、かつ、過失がなかっ
　　たときに限り、その効力を有する。」の規定に関する次の記述のう
　　ち、最も適切なものはどれか。
　1）善意とは払戻請求者が無権限であることを知らないこと、無過失と
　　は金融機関の職員が自己の財産に対するのと同等の注意をもって確
　　認した結果、受領権限があると信じたことをいう。
　2）受領権者としての外観を有する者には、代理人としての外観を有す
　　る者は含まれない。
　3）便宜払いの場合であっても、金融機関が善意かつ無過失であれば、
　　民法478条によって免責されることがある。
　4）預金規定の免責約款は、民法478条の注意義務を軽減するものであ
　　る。

・解説と解答・

1）不適切である。善意とは、払戻請求者が無権限であることを知らないこと
　である。無過失とは、金融機関の職員に社会通念上一般に期待されている
　業務上相当の注意、すなわち「善良なる管理者としての注意」をもって確
　認した結果、権限があると信じたことをいう。
2）不適切である。受領権者としての外観を有する者とは、一般の取引におい
　て債権者として信じさせるような外観を有する者であり、債権者の代理人
　と自称する者も含まれる。
3）適切である。免責約款が適用されないもの、たとえば無印鑑の便宜払いで
　も適用されるとされている。
4）不適切である。免責約款は、通常の払戻しの場合は、特にあやしむべき事
　情がない限り、印鑑照合により金融機関が免責されることを定めた規定で
　あり、金融機関が本来尽くすべき注意義務の程度を軽減するものではない
　とされている。

正解　3）

2－11　預金の時効

《問》預金の時効に関する次の記述のうち、最も不適切なものはどれか。

1）金融機関が消滅時効完成前に普通預金についての残高証明書を預金者に発行すると、その時から新たな消滅時効が進行する。

2）自動継続特約付きの定期預金では、自動継続停止の申出の有無にかかわらず、当該定期預金の初回満期日から消滅時効は進行する。

3）通知預金の消滅時効は、据置期間（一般的には7日間）を経過した日より進行する。

4）定期積金の消滅時効の起算点は原則として満期日であり、例外的に掛金の払込みの遅延により満期日が延長された場合には、延長後の満期日となる。

・解説と解答・

　消滅時効の起算点は、預金者が権利を行使することができる時とされ（民法166条1項）、預金の種別ごとに異なる。

1）適切である。承認による時効の更新（民法152条）に該当する。

2）不適切である。判例（最判平19.4.24、金法1818号75頁）は、「自動継続定期預金契約における預金払戻請求権の消滅時効は、預金者による解約の申入れがされたことなどにより、それ以降自動継続の取扱いがされることのなくなった満期日が到来した時から進行するものと解するのが相当」としている。

3）適切である。通知預金の場合には、支払期日ではないが、一応払戻しが制限されている据置期間（一般的には7日間）を経過した日（預入日から起算して8日目）から預金債権者は払戻しを受けることができるのであるから、時効は据置期間満了日の翌日（一般的には預入日から起算して8日目）から進行すると解することができる。

4）適切である。

正解　2）

2 - 12　預金保険制度①

《問》預金保険制度の対象となる金融機関として、最も適切なものは次の
うちどれか。
1) 政府系金融機関
2) 日本国内に本店を有する銀行の海外支店
3) 外国銀行の在日支店
4) 外国金融機関の子会社で、日本国内に本店を有する法人（外国金融
機関の本邦法人）

・解説と解答・

　預金保険制度の対象となる金融機関は、日本国内に本店を有する以下の金融
機関である（預金保険法 2 条 2 項）。
・銀行（日本国内に本店を有するもの。その銀行の海外支店は対象外。以下
同じ）
・信用金庫
・信用組合
・労働金庫
・信金中央金庫
・全国信用協同組合連合会
・労働金庫連合会
・商工組合中央金庫
　なお、政府系金融機関、外国銀行の在日支店などは、預金保険制度の対象外
である。
　また、農林中央金庫、信用事業を行う農業協同組合、信用事業を行う漁業協
同組合等は、預金保険法上の金融機関ではなく、「農水産業協同組合貯金保険
制度」により別途保護されている。

正解　4)

〈保護される預金等の種類〉
　預金保険による保護の対象となる預金等は、預金（当座預金、普通預金、別
段預金、定期預金、通知預金、納税準備預金、貯蓄預金）、定期積金、掛金、
元本補填契約のある金銭信託（ビッグなどの貸付信託を含む）、金融債（保護

預り専用商品に限る）である。

　ただし、外貨預金、譲渡性預金、特別国際金融取引勘定において経理された預金（オフショア預金）、日本銀行からの預金等（国庫金を除く）、対象金融機関からの預金等（確定拠出年金の積立金の運用に係る預金等を除く）、募集債である金融債および保護預り契約が終了した金融債、受益権が社債、株式等振替法の対象である貸付信託または受益証券発行信託、無記名預金等は対象から除かれる。

　また、他人（仮設人を含む）名義の預金等（いわゆる仮名・借名預金等）および導入預金等も、保護の対象外である。

2−13 預金保険制度②

《問》預金保険に関する次の記述のうち、最も不適切なものはどれか。
1) 預金保険制度の対象となる金融機関については、預金保険法の規定により、預金保険の対象預金を受け入れた時点で、預金者、金融機関および預金保険機構の間で自動的に保険関係が成立する。
2) 一般預金等の預金者1人に対する保険金の支払限度額は、合算して元本1,000万円までと破綻日までの利息等であるが、決済用預金は全額保護される。
3) 家族の名義を借用している預金（借名預金等）は、預金保険の保護の対象外となる。
4) 同一の金融機関に法人の代表者の個人名義の預金口座と当該代表者名が記載された法人名義の預金口座がある場合、名寄せされる。

・解説と解答・

1)、2)、3) 適切である。

4) 不適切である。法人と個人は別人格なので、別個の預金口座として扱われる。

正解 4)

〈名寄せに際しての個人の預金者の扱い〉

（原則）1個人を1預金者とする。夫婦や親子も別々の預金者となるが、家族の名義を借用している預金（借名預金）等は、保護の対象外である。

（個人事業主）事業用の預金等と事業用以外の預金等は、同一人の預金等となる。

（死亡した者）破綻前に被相続人が死亡した場合、相続分が確定しているときは、被相続人の預金等は、相続人の預金等として相続分に応じて分割のうえ、各相続人の他の預金等と合算される。一方、相続分が未確定であるときは、各相続人自身の預金等のみで名寄せを行う。その後、遺産分割協議の終了等により相続分が確定した時点で、被相続人の預金等を含めた名寄せを改めて行う。

破綻後に被相続人が死亡した場合は、原則として、被相続人の預金等として名寄せされる。

2 −14 普通預金・定期預金

《問》普通預金および定期預金の性質・取引に関する次の記述のうち、最も適切なものはどれか。

1）普通預金は返還期限の定めのない単純寄託契約であるが、定期預金は預入期間を定めて預け入れることから、確定期限付の消費寄託契約である。

2）積立定期預金は、個別の預入れごとに個別の預金債権が成立するものとされている。

3）普通預金口座は、企業と利用者の双方からの委任に基づいて、企業から送付される請求書の金額を利用者の預金口座から引き落として収納企業の預金口座に振り替える預金口座振替に使用される。

4）定期預金の満期日に同一期間の定期預金として自動的に継続することを書替継続という。

・解説と解答・

1）不適切である。普通預金は任意の時期に預入れおよび払戻しができる要求払いであるが、その法的性質は単純寄託契約ではなく、定期預金と同様に消費寄託契約である（民法666条1項、3項）。

2）不適切である。積立定期預金は、預金者が一定の期間継続して預け入れることによって満期日にまとまった金額の元利金を得るものであり、預入日が異なっていても一個の預金債権として満期日は1つであり、その満期日に元利金がすべて支払われる。

3）適切である。預金口座振替は、金融機関、預金者および公共料金等の収納企業がそれぞれ委任契約を締結し、取引金融機関における預金者の預金口座から公共料金等を収納企業の預金口座に振り替える仕組みである。

4）不適切である。預金者の委任により、満期日に同一期間の定期預金として継続するのは自動継続である。書替継続は、定期預金の満期日到来後に元利金もしくはその一部を、または元金を増減額して、新しい定期預金として書き換えることをいう。

正解　3）

2-15　普通預金の口座振替

《問》普通預金における公共料金等の口座振替に関する次の記述のうち、最も不適切なものはどれか。

1）口座振替契約は、預金者が金融機関に事務を委任する準委任契約であり、委任者の死亡により終了する。
2）金融機関が預金者の死亡を知らずに無過失で行った口座振替は、有効である。
3）預金残高が口座振替先の企業の請求額に不足する場合、金融機関はその企業との委任契約に基づき預金者に連絡して入金を督促する義務を負う。
4）同日に数件の口座振替払いをする場合、請求額の総額が預金残高を超えるときは、そのいずれかを支払うかは金融機関の任意とされている。

・解説と解答・

1）適切である。口座振替契約は、指定日に公共料金等を預金口座から引き落として、公共企業などの収納者の口座へ入金するという事務を委託する契約であり（準委任）、委任契約の一種であることから、委任者の死亡時には終了する（民法653条1号）。

2）適切である。委任の終了事由（民法653条）は、それを相手方に通知したとき、または相手方がそれを知っていたときでなければ、それをもってその相手方に対抗することはできないことから（同法655条）、口座振替は有効とされる。

3）不適切である。金融機関は、指定日に指定の預金口座から請求書に記載の金額を引き落とすが、もし請求額に対して預金残高が不足していても、原則として、入金の督促はせず、請求書の引落不能事由欄の該当事由を表示して企業に返戻するものとされている。

4）適切である（全国銀行協会「普通預金規定（個人用）〔参考例〕」［預金の払戻し］（4））。

正解　3）

2 −16　定期預金①

《問》定期預金に関する次の記述のうち、最も適切なものはどれか。
 1 ）大口定期預金の利率は、臨時金利調整法による預金金利の規制の対
　　　象である。
 2 ）期日指定定期預金は、対象が「障害者等の少額預金の利子所得等の
　　　非課税制度（マル優)」に限定された預金である。
 3 ）変動金利定期預金の最長預入期間は、 3 年と定められている。
 4 ）スーパー定期預金は、最低預入金額の制限が撤廃され、預入期間、
　　　適用金利等、各金融機関により幅があるものの、小口の定期預金の
　　　基本的な商品となっている。

・解説と解答・

1 ）不適切である。現在、当座預金を除き、臨時金利調整法による預金金利の
　　規制は行われていないため、預金金利は各金融機関が自由に設定してい
　　る。
2 ）不適切である。期日指定定期預金は、取扱開始当初は、個人預金を優遇
　　し、対象が少額貯蓄非課税預金（マル優）に限定されていたが、昭和63年
　　4 月 1 日以降は、マル優以外の個人預金も対象となっている。
3 ）不適切である。大蔵省銀行局通達により、最長預入期間は 3 年と定められ
　　ていたが、この制限は、平成10年 4 月に撤廃され、各金融機関が自由に定
　　めることができるようになった。
4 ）適切である。

正解　4 ）

2-17　定期預金②

> 《問》定期預金に関する次の記述のうち、最も不適切なものはどれか。
> 1）3月31日に預け入れた期間6カ月の自動継続定期預金の満期日は、9月30日となり、次の満期日は翌年の3月31日となる。
> 2）円定期預金の約定期間中の利息は、積立定期預金と期日指定定期預金の場合を除き、「元金×利率×（日数÷365日）」の計算式で算出することができる。
> 3）満期日到来後に書替継続する場合、起算日扱いはできない。
> 4）貸出の担保となっている定期預金の書替継続は、「増額書替」の場合に担保としての同一性が失われるとされる。

・解説と解答・

1）不適切である。最初の満期日は9月30日であるが、次の満期日は翌年の3月30日となる。なお、定期預金の満期日の定め方は、預入れをした月から暦に従って月数を数え、最後の月における預入日に応当する日とする。最後の月に預入日に応当する日がないときは、その月の末日を満期日とし、応当日が休日にあたる場合でも、その日を満期日とする。
2）適切である。
3）適切である。定期預金の満期日到来後に書替継続する場合には、継続預入れ後の定期預金の預入期間の始期は書替継続の手続をした日となる。継続前の定期預金の満期日から書替日の前日までの期間には、書替継続日における普通預金利率による期限後利息を支払う。
4）適切である。定期預金が貸出の担保となっている場合には、一般に、「増額書替」の場合を除き、元利金書替継続、元金書替継続、減額書替継続は預入期間の延長に過ぎないとして、定期預金担保としての同一性は失われないとされる。標準的な「定期預金担保差入証」では、「表記預金の書替継続にあたって、預金が併合、分割、減額または利息元加され、また期間、利率が変更されても、書替えられた預金は引き続きこの差入証による担保とします」としている。

正解　1）

2－18　総合口座①

《問》総合口座に関する次の記述のうち、最も不適切なものはどれか。
1）預金者が、総合口座の普通預金の残高を超えて、払戻しの請求をした場合や、公共料金等の自動支払をするのに普通預金の残高が不足する場合、定期預金等を担保としてその不足相当額の貸越が自動的に実行され、支払が行われる。
2）貸越金残高がある状態で、普通預金に預入れが行われた場合、自動的に貸越金の返済に充てられる。
3）総合口座の開設は実名の個人に限られるが、未成年者の開設は通常認められていない。
4）電子交換所で取引停止処分を受けた場合、総合口座の貸越取引は、2年間にわたり取引ができなくなる。

・解説と解答・

1）適切である（総合口座取引規定［当座貸越］（1））。
2）適切である（総合口座取引規定［当座貸越］（3））。
3）適切である。総合口座の開設契約は貸越契約が付随していることから、未成年者が単独で行える法律行為ではなく、法定代理人の同意の下で契約するか、もしくは法定代理人が契約を締結する必要がある。そのため、通常は未成年者の開設は認められない。
4）不適切である。総合口座の貸越取引は、電子交換所の取引停止処分により禁止される貸出取引には該当しないものとして、解釈・運用されている。

<u>正解　4）</u>

2 - 19 総合口座②

《問》総合口座に関する次の記述のうち、最も適切なものはどれか。
1) 貸越取引の極度額（限度額）は、総合口座取引の定期預金と国債等公共債の額面金額の合計額、または金融機関が別に定める金額のいずれか小さい金額である。
2) 総合口座の貸越金については、弁済期限の定めはないが、貸越金利息の組入れにより貸越限度額を超えたまま 6 カ月を経過したときには、総合口座の取引先は、当然に即時支払をしなければならない。
3) 貸越取引について、定期預金と国債等公共債の両方を担保とする場合は、貸越利率の低い順に優先的に適用し、定期預金の貸越利率と国債等公共債の貸越利率が同一のときは、まず国債等公共債を担保とする。
4) 総合口座は、定期預金口座の開設のみで開設ができる。

・解説と解答・

1) 不適切である。総合口座における貸越取引の極度額（限度額）は、総合口座取引の定期預金の合計額に一定の掛目（一般には90％）を乗じた金額と国債等の額面金額に個々の掛目を乗じて計算された金額との合計額または金融機関が別に定める金額のいずれか小さい金額とされている（総合口座取引規定［当座貸越］（2））。最近では、国債等を担保とする貸越取引を行わない総合口座もあり、担保を定期預金だけとする総合口座については、金融機関が別に定める金額は、一般的に200万円が多い。
2) 適切である。「総合口座取引規定［貸越利息等］（1）」では、貸越金の利息の貸越元金への組入れにより、極度額を超えた場合は、金融機関からの請求があり次第、直ちに極度額を超える金額を支払わなければならないとしている。
3) 不適切である。定期預金の貸越利率と国債等公共債の貸越利率が同一のときは、まず定期預金を担保とする（総合口座取引規定［貸越金の担保］（2）①）。
4) 不適切である。総合口座は、普通預金を基礎として、これに定期預金、国債等の保護預りと、これらを担保とする当座貸越を組み合わせたもので、普通預金口座の開設が不可欠である。

正解　2)

54

2－20　総合口座③

《問》総合口座の貸越金取引に関する次の記述のうち、最も適切なものは
どれか。
1）貸越残高がある場合で、普通預金に預入れが行われたときは、自動
的に貸越利率の低い貸越金の返済に充当される。
2）金融情勢に急激な変化があったとしても、金融機関は当座貸越の担
保とした国債等の担保掛目を変更することはできない。
3）総合口座の預金者について、支払の停止または破産、民事再生手続
開始の申立があったとき、金融機関は、当該預金者に対し通知、催
告等をすることで貸越元利金は弁済期が到来するものとされる。
4）総合口座の定期預金の全額の解約や国債等の全部の引出しによって
定期預金および国債等のいずれの残高もゼロとなったときは、貸越
金と貸越金の利息を同時に支払わなければならない。

・解説と解答・

1）不適切である。自動的に貸越利率の高い貸越金の返済に充当される（総合
口座取引規定［当座貸越］（3））。
2）不適切である。金融機関は、金融情勢の変化次第で、当座貸越の担保とし
た国債等の掛目を変更することができる（総合口座取引規定［当座貸越］
（2））②）。
3）不適切である。総合口座の預金者について、支払の停止または破産、民事
再生手続開始の申立があったとき、預金者は、金融機関から通知、催告等
がなくても貸越元利金は弁済期が到来するものとし、直ちに弁済しなけれ
ばならない（総合口座取引規定［即時支払］（1）①）。
4）適切である（総合口座取引規定［貸越金利息等］（1）③）。

正解　4）

2 −21　当座勘定取引①

《問》当座勘定取引に関する次の記述のうち、最も不適切なものはどれ
　　か。
　1）当座勘定は、取引先が手形・小切手の支払事務を金融機関に委託す
　　　るために締結するもので、その支払資金を受け入れる預金が当座預
　　　金である。
　2）当座勘定取引の法的性質は、手形・小切手の支払に関する事務処理
　　　を委託するという準委任契約と、支払資金の預入れという消費寄託
　　　契約との混合契約とされている。
　3）支払委託により、金融機関は、手形・小切手の所持人に対して、手
　　　形・小切手の支払義務を負うことになる。
　4）金融機関が当座勘定取引先との間であらかじめ定めた極度額（限度
　　　額）まで、当該取引先が当座預金の残高を超えて振り出した手形・
　　　小切手などの支払義務を負うことを約束する取引を当座貸越とい
　　　う。

・解説と解答・

1）適切である。
2）適切である。
3）不適切である。支払委託により金融機関は、当座勘定取引先に対して手
　　形・小切手の支払義務を負うことになるが、その支払義務は当座勘定取引
　　先に対して負うものであって、手形・小切手の所持人に対して負うもので
　　はない。手形・小切手の所持人が金融機関からその支払を受けることがで
　　きるのは、金融機関が当座勘定取引先に対して支払義務を負っていること
　　の反射的効果によるものである。
4）適切である。

正解　3）

2-22 当座勘定取引②

《問》当座勘定取引に関する次の記述のうち、最も適切なものはどれか。
1）受け入れた手形券面に2つの金額の記載がある場合、金融機関はいずれか最小金額によって取り扱う。
2）当座勘定取引が終了した場合、未使用の手形・小切手用紙については金融機関に回収の義務がある。
3）金融機関からの当座勘定取引の解約通知は、必ず書面で行わなければならない。
4）金融機関は、小切手の支払保証はせず、その請求がある場合は、自己宛小切手を振り出す。

・解説と解答・

1）不適切である。手形面上に手形金額について複数の記載がある場合に、どの記載が優先するかの規定が手形法に存在しているものの（手形法6条）当座勘定規定により、手形法の規定とは異なり、手形の受入れ、支払は、複記のいかんにかかわらず、金額欄記載の金額により取り扱うことが定められており（当座勘定規定［手形・小切手の金額の取扱い］）、同規定が優先して適用される。
2）不適切である。金融機関に回収義務はなく、取引先に返還義務がある（当座勘定規定［取引終了後の処理］②）。
3）不適切である。取引先からの解約通知は、必ず書面によらなければならないが、金融機関からの解約にはその制限はない（当座勘定規定［解約］①）。ただし、実際の取扱いとしては、解約したことが後日証拠として残るよう、内容証明郵便等の書面によってなされるのが通例である。
4）適切である（当座勘定規定［支払保証に代わる取扱い］）。

正解　4）

2 - 23　当座勘定取引③

《問》当座勘定取引に関する次の記述のうち、最も適切なものはどれか。
1）取引先の死亡および破産・民事再生・会社更生手続開始の決定を受けたことによって終了する。
2）当座勘定取引は、金融機関および取引先の合意のみにより解約することができる。
3）取引先から当座勘定取引開始の申込みを受けたとき、金融機関は、当該申込人が反社会的勢力であるか否かを確認し、該当する場合には口座開設を謝絶しなければならない。
4）金融機関は、同日に数通の手形、小切手等の支払をする場合にその総額が当座勘定の支払資金を超えるときは、金額の大きいものから支払うこととされている。

・解説と解答・

1）不適切である。当座勘定取引の本質は委任契約なので、民法653条1号および2号によって、取引先の死亡および破産手続開始の決定を受けたことにより終了するが、民事再生・会社更生手続開始の決定を受けたことは終了事由ではない。
2）不適切である。当座勘定取引の本質は委任契約なので、当事者の一方の都合でいつでも解約することができる（当座勘定規定［解約］①、民法651条1項）。なお、合意解約も可能である。
3）適切である。
4）不適切である。金融機関は、同日に数通の手形、小切手等の支払をする場合にその総額が当座勘定の支払資金を超えるときは、そのいずれを支払うかは当該金融機関の任意とされる（当座勘定規定［支払の選択］）。

正解　3）

2−24　外貨預金①

《問》外貨預金に関する次の記述のうち、最も不適切なものはどれか。
1）外貨預金の種類は、当座預金、普通預金、定期預金に限られている。
2）外貨預金契約は、銀行法の定義する特定預金等契約に該当し、金融商品取引法の行為規制が準用される。
3）個人が外貨預金の預入時に為替先物予約を締結しなかった場合、満期時の元本部分に係る為替差益は、雑所得として総合課税の対象となる。
4）外貨預金に係る為替手数料は、同一通貨であっても金融機関ごとに異なる。

・解説と解答・

1）不適切である。外貨預金の種類に特に制限はなく、国内預金と同様に、外貨当座預金、外貨普通預金、外貨通知預金、外貨定期預金、外貨別段預金などがある。流動性預金では外貨普通預金が、定期性預金では外貨定期預金の利用が多い。
2）適切である。外貨預金は特定預金に該当し、金融商品取引法の規制が準用される（銀行法13条の4、同施行規則14条の11の4）。
3）適切である。預入時に為替予約を締結していない外貨預金の為替差益は、雑所得として総合課税の対象となる。なお、預入時に為替予約を締結した外貨預金（スワップ付き外貨定期預金）は、所得税法では金融類似商品である外貨投資口座として取り扱われ、この預金から生じる為替差益は、実質的な利息として源泉分離課税の対象となる。
4）適切である。為替手数料は、かつての横並びから、現在では金融機関ごとの政策により自由に設定されている。また、同一金融機関でもキャンペーンなどで為替手数料率を変更することもある。

正解　1）

2-25　外貨預金②

《問》外貨預金に関する次の記述のうち、最も不適切なものはどれか。
1）外貨預金には、「障害者等の少額預金の利子所得等の非課税制度（マル優）」の適用はない。
2）個人が外貨預金の満期時において為替差損が生じた場合、確定申告することにより、他の所得区分の金額とも損益通算することができる。
3）個人が国内の金融機関に預入れしている外貨預金の利息は、円貨預金の利息と同様に、源泉分離課税の対象となる。
4）外貨預金の預入時の外貨への換算にはTTSレートを適用し、解約時にはTTBレートで円貨への換算を行う。

・解説と解答・

1）適切である（所得税法10条1項、同法施行令33条1項）。
2）不適切である。外貨預金の為替差損は、他の黒字の雑所得があれば、その金額との損益通算はできるが、通算してもなお引ききれない損失の金額は、他の所得区分と損益通算することはできない（所得税法69条、2条）。
3）適切である（所得税法181条）。
4）適切である。外国為替市場の取引は、個人や企業が金融機関と行う対顧客取引と、インターバンク取引の2つに大きく分けることができる。個人投資家が外貨預金をするときに基準とするのは、対顧客取引の為替レートである。金融機関は毎朝9時55分のインターバンク市場の為替レートを基準にして、その日の顧客向けのレートを独自に決める。この基準レートがTTM（Telegraphic Transfer Middle rate、対顧客電信相場仲値）である。顧客が外貨を買うときに使用するレートは、TTMに手数料相当分を上乗せしたTTS（Telegraphic Transfer Selling rate、対顧客電信売相場）であり、顧客が外貨を売るときに使用するレートはTTMから手数料分を引いたTTB（Telegraphic Transfer Buying rate、対顧客電信買相場）である。

<u>正解　2）</u>

2－26　利子所得

《問》預貯金や公社債等に係る利子所得に関する次の記述のうち、最も不適切なものはどれか。

1）源泉分離課税は、個人が受け取る利子等のうち、非課税制度の適用を受けるものを除く、すべての利子所得および一定の金融類似商品の収益について適用される。

2）令和19（2037）年12月31日までの間に支払を受ける利子等については、所得税とともに所得税の額の2.1％の復興特別所得税が源泉徴収される。

3）定期積金の給付補填金は、所得税法では利子所得ではなく雑所得ではあるが、金融類似商品とされて源泉分離課税の対象となり、税率20.315％の源泉徴収の対象となる。

4）利子所得とは、預貯金および公社債の利子ならびに合同運用信託、公社債投資信託および公募公社債等運用投資信託の収益の分配に係る所得をいうが、国内の金融機関を通じて受け取る外国公社債投資信託の収益の分配金は、配当所得としての取扱いになる。

・解説と解答・

1）適切である（租税特別措置法3条等）。

2）適切である（復興財源確保法28条）。

3）適切である。定期積金の給付補填金は、所得税法では雑所得ではあるが金融類似商品とされて源泉分離課税の対象となり、税率20.315％の源泉徴収の対象となる。

4）不適切である。国内の金融機関を通じて受け取る外国公社債投資信託の収益の分配金は、利子所得としての取扱いになる。

正解　4）

2 −27　利子等の非課税

《問》預金の利子等の非課税に関する次の記述のうち、最も不適切なもの
　　はどれか。

1)「障害者等の少額預金の利子所得等の非課税制度（マル優)」の対象
　　者は、障害者、寡婦年金受給者などに限定されており、それらの者
　　であれば、国外転勤等により国内に住所を有さない日本人でも、適
　　用を受けられる。

2)「障害者等の少額公債の利子所得等の非課税制度（特別マル優)」
　　は、国債および地方債の額面合計350万円までの利子が非課税にな
　　る。

3)「マル優」の利用に際し、金融機関に提出した非課税貯蓄申告書に
　　記載した非課税限度額を貯蓄の額が超過した場合は、その申告書に
　　係るすべての貯蓄が課税対象となる。

4) 預金者が「障害者等の少額預金の利子所得等の非課税制度（マル
　　優)」の適用を新規で受けようとするときは、最初に預入れをする
　　時までに預金の受入機関である金融機関の営業所等を経由して住所
　　地の所轄税務署長へ「非課税申告書」を提出しなければならない
　　が、この申告書を提出する際には、預金者の住所・氏名・生年月
　　日、身体障害者等の事実を証する公的書類のほか、個人番号（マイ
　　ナンバー）を提示する必要がある。

・解説と解答・

1) 不適切である。この制度の適用を受けられる者は、国内に住所のある個人
　　で、障害者等に該当する人に限られており、外国籍の者でも日本国内に住
　　所があれば適用を受けられるが、日本人でも海外に住所を有する者は適用
　　を受けられない。非課税の対象となる貯蓄は、預貯金、合同運用信託（貸
　　付信託、指定金銭信託）、特定公募公社債等運用投資信託（公募公社債等
　　運用投資信託（委託者非指図型投資信託に限る))、有価証券（公社債、公
　　社債投資信託もしくは公募公社債等運用投資信託の受益権または特定目的
　　信託の社債的受益権）である。これらの貯蓄は、いずれも本邦通貨である
　　ことが条件であり、外貨建預金については適用されない。また、外国公債
　　についても本邦通貨で表示されている円建債に限る。定期積金の給付

　　補填金など、金融類似商品は適用対象外である。

2）適切である。

3）適切である。

4）適切である。

正解　1）

2－28　利子課税制度

《問》利子課税に関する次の記述のうち、不適切なものはいくつあるか。
(a) 法人は、受取利子の確定する日までに、金融機関に登記書類の写し等の確認書類を提示して、所在地・名称を告知しなければならないが、当座預金や通知預金についても告知の対象に含まれる。
(b) 法人が支払を受ける利子等については国税が源泉徴収されるが、法人が支払を受ける利子等に源泉分離課税は適用されないため、利子所得を含めた法人所得について申告を行うことによって税額が調整される。
(c) 金融機関は、法人に対して利子等の支払をしたときは、支払調書を作成して、所轄税務署に提出しなければならないが、普通預貯金、納税貯蓄組合預金および納税準備預金の利子については、支払調書の提出は不要とされている。
1) 1つ
2) 2つ
3) 3つ
4) 0（なし）

・解説と解答・

(a) 不適切である。当座預金、普通預金、通知預金および財務省令で定める別段預金の利子は、告知義務のない利子等にあたる（所得税法224条1項、所得税法施行令335条1項1号）。
(b) 適切である。
(c) 適切である。金融機関は、法人に対して利子等の支払をしたときは、支払調書を作成して、所轄税務署に提出する必要がある。支払調書の提出対象となるのは、第1に、法人が受け取る預金、公社債の利子、合同運用信託、公社債投資信託の収益の分配であり、第2に、金融類似商品の収益である。預金の利子については、各種の定期預金のほか通知預金、別段預金の利子がその対象とされている。なお、所得税法に定められた非課税措置の規定の適用がある場合や、普通預金等の利子である場合等については、支払調書の提出は不要とされている（所得税法225条1項1号、所得税法施行規則82条2項）。

正解　1)

2－29　財形貯蓄制度

《問》財形貯蓄制度に関する次の記述のうち、最も適切なものはどれか。
1）家内労働者や農業者、個人事業主などは、財形貯蓄制度の適用を受けられる「勤労者」に含まれる。
2）非課税限度額は、財形年金貯蓄と財形住宅貯蓄あわせて元利合計550万円から生ずる利子等が非課税とされるが、この限度額はいずれか一方に、または両貯蓄に分割して利用することができる。
3）財形住宅貯蓄は、60歳未満の勤労者が金融機関と契約（1人1契約）を結んで5年以上の期間にわたって定期に給与天引き預入により積み立てることや、持家の取得等の時の頭金等として払い出されることなどを要件として、所得税を非課税とする制度である。
4）勤労者財産形成年金貯蓄（財形年金貯蓄）は、55歳未満の給与所得者が、3年以上の期間にわたり、定期に給与天引き預入れにより積立をし、60歳以降の年金の支払開始まで払出しをしないこと等を要件として、元本550万円までの利子等について所得税の非課税の適用を受けることができる制度である。

・解説と解答・

1）不適切である。財形貯蓄制度の適用を受けられる「勤労者」は、「職業の種類を問わず事業主に雇用される者」とされるため、家内労働者や農業者、個人事業主等はその対象外となる（勤労者財産形成促進法2条1項）。
2）適切である。
3）不適切である。契約時に55歳未満であることを要する。
4）不適切である。5年以上の期間にわたり、定期に給与天引き預入れにより積立を行わなければならない。

正解　2）

2－30　預金者保護法

《問》偽造カード等及び盗難カード等を用いて行われる不正な機械式預貯金払戻し等からの預貯金者の保護等に関する法律（預金者保護法）等に関する次の記述のうち、最も適切なものはどれか。

1）金融機関は、インターネットバンキングにおける不正な払戻しによる被害の場合でも、ＣＤ・ＡＴＭからの預金の不正な払戻し等の場合と同様に、補填することを申し合わせている。

2）盗難通帳による預金の不正な払戻しが行われたことについて、金融機関側が善意・無過失である場合には、預金者は被害について補填を受けることができない。

3）預金者保護法により保護されるのは、偽造カード等や盗難カード等を用いて不正に行われたＣＤ・ＡＴＭからの預金の払戻しまたは借入れにより被害を受けた預金者である個人または法人である。

4）預金者は、盗難通帳による預金の不正な払戻しが行われたことについて自らに過失がなかったことを立証しなければ、被害について補填を受けることができない。

・解説と解答・

1）適切である（全国銀行協会「預金等の不正な払戻しへの対応について（2008年2月19日)」)。

2）不適切である。全国銀行協会「預金等の不正な払戻しへの対応について（2008年2月19日)」は、金融機関の善意・無過失を前提として、預金者の過失の有無やその程度等により金融機関の補填割合を定めたものである。

3）不適切である。預金者保護法では、「預貯金者」を金融機関と預貯金等契約を締結する「個人」と定義しており、法人は対象となっていない（預金者保護法2条2項）。

4）不適切である。預金者の過失の有無や程度についての立証責任は金融機関に転換されており、顧客の保護に重点を置いた取決めとなっている（全国銀行協会「普通預金規定（個人用)〔参考例〕」9）。

正解　1）

第3章

手形・小切手／電子交換制度

3－1　手形の記載事項

《問》手形の記載事項に関する記述のうち、「有害的記載事項」となるのは次のうちどれか。

1）一覧払手形に記載された利息文言
2）「商品の受領と引換えに手形金を支払うこと」等、手形の支払方法に条件を付帯した文言
3）確定日払手形に記載された利息文言
4）裏書の欄に「支払無担保」等、担保責任を負わない趣旨を記載した文言

・解説と解答・

1）有益的記載事項（手形法5条、77条2項）。
2）有害的記載事項（手形法1条2号、75条2号）。
3）無益的記載事項（手形法5条1項後段、77条2項）。
4）有益的記載事項（手形法77条1項、15条1項）。

正解　2）

　手形が成立するためには、次の事項（手形要件または必要的記載事項という）が記載されていなければならない。これらの1つでも欠くときは手形としての効力は発生しない。

① 「為替手形」、「約束手形」という文字
② 一定金額の支払委託（為替手形）または支払約束（約束手形）
③ 支払人（為替手形）
④ 満期
⑤ 支払地
⑥ 受取人
⑦ 振出日および振出地
⑧ 振出人の記名捺印または署名（手形法1条、75条）

手形要件以外に手形面に記載される事項を任意的記載事項という。その効果の違いから有益的記載事項、無益的記載事項、有害的記載事項に分けられる。

①有益的記載事項

【第三者方払文句】約束手形は、振出人の営業所または住所地において振出人自身によって支払われることが原則であるが、振出人は、手形上に第三者の住所において支払うべき旨の文句（第三者方払文句）を記載することが認められている。
【振出人の肩書地】振出地の記載がない場合、振出人（会社の本店・支店、個人の住所）の名称に附記した地があれば振出地とみなされる。
【拒絶証書作成免除文句】遡求権の行使または保全に必要な行為をなしたことおよびその結果を証明するための要式の公正証書を拒絶証書という。手形については、遡求を行う場合の遡求条件たる支払拒絶や引受拒絶などの事実の証明は、必ず拒絶証書によらなければならない。なお、遡求義務者は、手形に「拒絶証書不要」等の文言を記載して拒絶証書の作成を免除することができる。
【裏書禁止文句】新たな裏書を禁止する旨を記載した裏書。これがなされてもさらに裏書ができるが、裏書人は被裏書人に対しては担保責任を負ってもその後の被裏書人に対しては担保責任を負わない。
【利息文句】手形面記載金額のほかに、その手形の振出日から支払期日までの利息も支払う手形。一覧払手形と一覧後定期払手形についてのみ認められ、手形にその利息文句を記載するとともに利率をも表示することが必要である。
※その他、無担保文句、取立文句、質入文句、裏書日付、支払呈示期間の短縮文句、裏書人の宛所なども有益的載事項とされる。

②無益的記載事項

【法律上当然なことの無意味な反復として、無意味な記載事項】指図文句、引換文句、提示文句など。
【その性質上手形そのものの無効を誘致するものではないが、手形法の規定によりその効力を否定されるものとして、無意味な記載事項】確定日払手形または日付後定期払手形に記載された利息文句、利率の記載のない利息文句、裏書に付した条件など。

③有害的記載事項

手形法に定めのない種類の満期の指定、分割払いの記載
手形の本質に反する記載手形の効力を原因関係に掛からせたり、手形の支払を条件・反対給付に掛からせたりするような記載
※その他、支払約束の単純性を害する記載、手形金額の一定性を害する記載、手形債務の抽象性・無因性を害する記載などがある。また、支払の方法や支払資金を限定する記載も有害的記載事項となる。

(参考) 遡求について

　遡求とは、手形・小切手が不渡りとなった場合や支払われる可能性が著しく減少した一定の事実が発生した場合に、所持人が流通過程上の自己の前者である裏書人や小切手・為替手形の振出人などに対して、本来の支払に代えて法定の償還金額の支払を請求することをいう（手形法43条、77条1項、48条1項、小切手法39条）。また、遡求に応じた前者がさらに自己の前者に遡求することを再遡求という。遡求された場合にそれに応じる義務のある者を遡求義務者といい、裏書人、小切手・為替手形の振出人、これらの保証人などがこれにあたる（手形法9条、15条、32条、58条、77条、小切手法12条、18条、27条）。約束手形の振出人と為替手形の引受人は、主たる支払義務者であって遡求義務者ではない。また、裏書人であっても、無担保裏書の場合には遡求義務を負わない（手形法15条1項、77条1項1号、小切手法18条）。

3－2　手形・小切手の概要①

> 《問》白地手形に関する次の記述のうち、最も不適切なものはどれか。
> 1）白地手形は、後で手形取得者に補充させる意思で、手形要件の全部
>   または一部が欠けた手形に1人以上の手形行為者が署名した未完成
>   の手形をいい、振出人の署名があれば、他の必要的記載事項がすべ
>   て空欄であっても白地手形として成立する。
> 2）金融機関は、確定日払手形の振出日が白地であっても補充する義務
>   はない。
> 3）白地で約束手形を振り出した振出人は、所持人がその白地手形の白
>   地部分に対して、振出人と受取人との間の合意（約束）とは異なる
>   内容の記載をした場合には、その所持人が前記合意と異なることを
>   知らず、またその知らないことについて重大な過失がなかったとし
>   ても、その補充内容どおりの責任を負うことはない。
> 4）支払人の名称の記載がない為替手形は、為替手形としての効力を有
>   しない。

・解説と解答・

1）適切である（手形法10条、77条2項）。
2）適切である（当座勘定規定1条2項）。
3）不適切である。約束手形の振出人が受取人との間で交わした合意（約束）
   と異なる手形要件の補充を受取人が行ったときは、振出人は受取人に対抗
   できるが、その手形を悪意または重大な過失なくして取得した所持人には
   対抗できない。また、振出人は、手形要件が補充されていない白地手形を
   取得した所持人が、悪意または重大な過失なくしてあらかじめなされてい
   る合意と異なる内容の補充をした場合にも、その所持人に対して合意と異
   なる補充であることを対抗できない（手形法10条、77条2項）。
4）適切である。為替手形は支払人に対する支払委託証券であることから、そ
   の委託先である支払人の記載（特定）は、手形の成立に不可欠のものとな
   る（手形法1条3号、2条1項）。

<u>正解　3）</u>

3－3　手形・小切手の概要②

> 《問》為替手形に関する次の記述のうち、最も適切なものはどれか。
> 1 ）為替手形の当事者は、振出人・受取人・支払人の 3 者であるが、手
>   形法は、為替手形について、同一人が振出人と受取人を兼ねる自己
>   指図手形および同一人が振出人と支払人を兼ねる自己宛手形は認め
>   られない。
> 2 ）為替手形の支払人と異なる者が引受をしても有効である。
> 3 ）手形用法では、金額をアラビア数字で記入するときは、チェックラ
>   イターを使用することが定められている。
> 4 ）振出人と支払人が同一である為替手形を自己受為替手形といい、振
>   出人と受取人が同一である為替手形を自己宛為替手形という。

・解説と解答・

1 ）不適切である（手形法 3 条 1 項、 2 項）。

2 ）不適切である。引受ができるのは、支払人に限られる（手形法25条）。

3 ）適切である（為替手形用法ひな型 5 条）。

4 ）不適切である。振出人と支払人が同一である為替手形を自己宛為替手形と
   いう。また、振出人と受取人が同一である為替手形を自己受為替手形とい
   う。

正解　3 ）

3－4　手形・小切手の概要③

《問》小切手に関する次の記述のうち、最も不適切なものはどれか。
1）小切手は、振出地の記載がない場合でも、振出人の肩書地が記載されていれば、それが振出地とみなされて、無効とはならない。
2）振出日白地の小切手の所持人は、振出日を補充することができる。
3）小切手の振出日は、必要的記載事項である。
4）記名式小切手に指図禁止または裏書禁止の記載をしても、無益的記載事項に当たり効力が認められない。

・解説と解答・

1）適切である（小切手法2条4項）。
2）適切である（小切手法13条）。
3）適切である。小切手は、小切手であることを示す文字、小切手金額、支払委託文句、支払人の名称、支払をなすべき地、振出日、振出地、振出人の署名が必要的記載事項である。小切手の振出日は、実際に振り出した日と異なる日付を記載しても有効である。
4）不適切である。指図禁止文句は有益的記載事項に当たり、記名式小切手に指図禁止または裏書禁止の記載をしたものについては、債権譲渡（現に発生していない債権の譲渡を含む）の方法（民法467条1項）をもってのみ譲渡することができ、かつ、債権譲渡の効力のみを有する（小切手法14条2項）。

正解　4）

3－5　手形の満期（支払期日）

《問》手形の満期に関する次の記述のうち、最も不適切なものはどれか。

1）「満期日令和〇年大晦日」となっている場合、当該手形は有効である。
2）振出日が満期日（支払期日）より後の日付の手形は無効である。
3）「満期日令和〇年9月31日」と、満期日が実際には存在しない日となっている場合、当該手形は無効である。
4）手形用紙中の「支払期日　令和　年　月　日」欄を抹消して一覧払と記載された手形は、手形が支払のために呈示された日を満期とする一覧払手形として有効であり、支払のための呈示は振出日から1年以内になされることを要する。

● 解説と解答 ●

1）適切である。特定の日を満期とする確定日払手形にあたる（手形法33条1項4号）。
2）適切である（最判平9.2.27）。
3）不適切である。確定日払いの満期は暦にある日を記載する必要があるが、「9月31日」や「2月30日」のような記載は、月末日と解し得るので、無効ではないとされる（最判昭44.3.4、金法544号25頁）。
4）適切である（手形法33条1項1号、34条1項）。

正解　3）

３－６　裏書の連続

《問》次の４つのケースのうち、手形の裏書が連続していないものはどれ
　　か。
　１）第一裏書人Ａ、第一裏書の被裏書人Ｂ銀行（取立委任裏書）、第二
　　　裏書人Ｂ銀行、第二裏書の被裏書人Ｃ、となっている場合
　２）記名式裏書の場合に、被裏書人欄のみが訂正印なしで抹消され、そ
　　　の抹消されている被裏書人以外の者が所持人である場合
　３）受取人の記載が「Ａ株式会社」、第一裏書人の記載が「Ａ株式会社
　　　代表取締役Ｂ」となっている場合
　４）受取人「株式会社エービーシー商事」、第一裏書人「株式会社ＡＢ
　　　Ｃ商事」となっている場合

・解説と解答・

１）連続していない。取立委任の被裏書人は、手形をさらに取立委任裏書する
　　ことはできるものの、譲渡裏書をすることはできない（手形法18条１項、
　　77条１項１号）。
２）連続している。被裏書人の氏名が抹消されている場合、その抹消が権利の
　　ある者によってなされているか否かを問わず、その裏書は白地裏書となる
　　（最判昭61.7.18）。
３）連続している。裏書も手形行為であることから、裏書人が署名または記名
　　捺印することが必要である。そしてその場合、法人については代理方式に
　　よってなされることから、法人名と肩書を付して代表者が署名または記名
　　捺印することになる。その意味では、この記載方法が一般的な記載であ
　　る。
４）連続している。裏書の連続は、一字一句まで正確な一致が要求されるもの
　　ではなく、その差異がわずかなもので社会通念上、同一性があると判断で
　　きれば認められている（最判昭27.11.25）。

<u>正解　１）</u>

3-7　手形の裏書①

《問》手形の裏書に関する次の記述のうち、最も不適切なものはどれか。

1）裏書の抹消は、×印と共に抹消者の訂正印の押捺がなければ無効となる。
2）抹消した裏書は、裏書の連続との関係では、その記載がなかったものとみなされる。
3）被裏書人の記載において芸名であるAと表示された者が、その本名であるBを使用して裏書署名をした場合、裏書の連続は認められない。
4）手形の記載上連続する裏書のなかに、無権代理人による裏書や実在しない者の裏書が介在していても、裏書の連続は害されない。

・解説と解答・

　手形の裏書は、統一手形用紙には裏書欄や裏書文句は印刷されているので、それ以外の所定の欄を記入して行うが、補箋を使用することもできる。補箋は貼付した人が割印をするが割印がなくても補箋にした裏書が無効になることはない。裏書人の住所の記載は裏書の要件ではない。一部金額についての裏書は無効となるので、裏書の効力が生じない。

1）不適切である。裏書の抹消は、一般に裏書欄全体に斜線や横線を引くことが多い。裏書記載が抹消されたと一般的に解されるものであれば、抹消の方法は問われない（手形法16条1項、77条1項1号）。
2）適切である（手形法16条1項、77条1項1号）。裏書の連続する手形の所持人は、正当な権利者と推定される。裏書が権利者によって抹消されたものであるか、また、誤って塗抹されたものであるかを問わず、裏書の連続については、抹消された裏書は存在しないものとみなされる。したがって、裏書の抹消によって、裏書の連続は中断し、あるいは裏書を連続させることができる。
3）適切である。署名は、手形行為者の同一性を認識させるための手段であるから、同一人であることが認められる限り、戸籍上の氏名、商号に限らず、通称、雅号、芸名などであってもよい。また、平常の取引にあたって、他人の氏名を、自己を表示する名称として使用する者は、手形行為に際しても自己を表示するためにその他人の名称を使用することができると

するのが、判例・通説である。なお、被裏書人欄が「AまたはB」となっており、次の裏書をBがしている場合、裏書は連続しているものとされている。

4）適切である。裏書の連続の有無は、手形の記載から形式的・外形的に判断されなければならないため、実質的に有効な裏書が連続していることは必要ではない（最判昭30.9.23）。

<u>正解　1）</u>

3－8　手形の裏書②

《問》手形の裏書に関する次の記述のうち、最も不適切なものはどれか。
1）為替手形の引受人や約束手形の振出人等、既に手形上の債務者となっている者に対してなされる裏書を戻裏書といい、通常の譲渡裏書と同様の効力が認められる。
2）期限後裏書とは、支払拒絶証書作成後または呈示期間経過後になされた裏書をいい、債権譲渡と同一の効力を有し、権利移転的効力および担保的効力が認められる。
3）取立委任裏書は、手形の所持人たる裏書人が被裏書人に対して、裏書人のために手形上の権利を行使する代理権を与える目的で行われるが、取立委任裏書がなされた後に裏書人が死亡または無能力となった場合においても、裏書による委任の効力は消滅しない。
4）人的抗弁の切断は、その抗弁の存在を知らずに、譲渡人から手形上の権利を裏書により承継取得した譲受人を保護する制度をいうが、これは、裏書による譲渡または最後の裏書が白地式であるものの引渡による譲渡についても適用される。

・解説と解答・

1）適切である（手形法11条3項、77条1項1号）。
2）不適切である。期限後裏書は債権譲渡と同一の権利移転的効力を有するが、担保的効力および人的抗弁切断の効力はない（手形法20条1項但書、77条1項1号）。
3）適切である（手形法18条3項、77条1項1号）。なお、取立委任裏書の被裏書人は、その手形を他に譲渡することはできないが、代理権を第三者に委任するために、さらに取立委任裏書をすることはできる（手形法18条1項）。
4）適切である（手形法17条）。

正解　2）

（参考）
手形の特殊な裏書等

・無担保裏書 （手形法15条 1項）	「無担保」等の担保責任を負わない旨の記載を付記した裏書	無担保裏書をした裏書人は、被裏書人を含む後者全員に対して担保責任を負わない。無担保裏書をした者は遡求義務を負わないので、この者に対しては遡求権が発生しない。
・裏書禁止裏書 （禁転裏書） （手形法15条 2項）	「新しい裏書を禁ずる」旨の記載をした裏書	権利移転効力と資格授与的効力は生じるが、担保的効力が一部生じない。この記載により、裏書人は、直接の相手方となる被裏書人に対しては担保責任を負うが、それ以降の被裏書人に対しては、担保責任を負わない。
・取立委任裏書 （手形法18条）	裏書人が被裏書人に、代わりに手形金を回収すること委任するため、「取立委任につき」「取立のため」などの文言を付記してなした裏書	手形権利の譲渡を目的としていないので、権利移転効力は生じないし、被裏書人が手形金の支払拒絶を受けたとしても、裏書人が被裏書人に対して手形金を支払わなければならない理由はないので担保的効力は生じていない。ただし、裏書が連続している限り、その被裏書人が適法な取立の代理人であることが推定されるという意味で、取立委任に限定した資格授与的効力が生じる。
・質入裏書 （手形法19条）	裏書人が被裏書人に対する債務を担保するために、「担保のため」「質入のため」などの文言を付記してなした裏書	手形権利の譲渡を目的としていないので、権利移転効力は生じないが、裏書が連続している限り、その被裏書人が適法な質権者であることが推定されるという意味での質権に限定した資格授与的効力は生じ、担保目的で裏書しているので担保的効力は生じる。

3－9 小切手の支払呈示

《問》小切手の支払呈示に関する次の記述のうち、最も適切なものはどれ
か。
1）小切手法上、小切手の支払呈示期間内において、支払委託の取消は
できない。
2）国内小切手の支払呈示期間は、振出日から起算して10日間である。
3）支払呈示期間経過後の小切手は、振出人の同意を得て支払わなけれ
ばならない。
4）振出日が白地の小切手を金融機関が受け入れ、その小切手が不渡り
となった場合、遡求権が生じ、裏書人や保証人に対してその責任を
追及することができる。

・解説と解答・

1）適切である（小切手法32条1項）。
2）不適切である。振出地と支払地が国内にある小切手の支払呈示期間は10日
（小切手法29条1項）であるが、呈示期間の起算日は、実際に小切手が振
り出された日ではなく、小切手に振出日として記載された日であり、初日
を参入しないので、呈示期間は小切手に記載された振出日を含めて11日間
となる（小切手法61条）。
3）不適切である。支払呈示期間経過後でも、支払委託の取消がない限り、支
払人は、振出人の計算において支払うことができる（小切手法32条2項）。
当座勘定規定も、この場合、取引先の同意を求めずに支払うものとしてい
る（当座勘定規定［手形・小切手の支払］①）。
4）不適切である。小切手の所持人が適法な支払呈示をした場合に限り、遡求
権の行使が可能となるもので、未補充の白地小切手による呈示は適法な呈
示とはならない（小切手法39条）。

<u>正解　1）</u>

3－10 手形・小切手の時効

《問》手形・小切手の権利の時効に関する次の記述のうち、最も不適切な
ものはどれか。
1）約束手形の振出人に対する手形上の請求権は、満期の日から3年で
時効消滅する。
2）小切手の所持人が、振出人に対して持つ遡求権は、呈示期間経過後
の初日から1年で時効消滅する。
3）為替手形の所持人の裏書人に対する遡求権は、拒絶証書作成の日
（拒絶証書作成免除の場合は満期の日）から1年で時効消滅する。
4）小切手の所持人の裏書人に対する遡求権は、呈示期間経過後の初日
から6カ月で時効消滅する。

・解説と解答・

1）適切である（手形法77条1項⑧、70条1項）。
2）不適切である。呈示期間経過後の初日から6カ月で時効になる（小切手法
51条）。
3）適切である（手形法70条2項）。
4）適切である（小切手法51条）。

正解　2）

（参考）
手形・小切手に関する権利の時効は以下のとおりである。

	権利の種類	時効期間の初日	期間
約束手形	振出人に対する請求権	支払期日（満期の日）	3年
約束手形	裏書人に対する遡求権 ①所持人からの場合	拒絶証書作成の日（拒絶証書作成免除の場合は支払期日（満期の日））	1年
	裏書人に対する遡求権 ②遡求義務を履行して手形を受け戻した裏書人からの場合	手形を受け戻した日または訴えを受けた日	6カ月
為替手形	引受人に対する請求権	支払期日（満期の日）	3年
為替手形	振出人および裏書人に対する遡求権 ①所持人からの場合	支払拒絶・引受拒絶等の拒絶証書作成の日（拒絶証書作成免除の場合は支払期日（満期の日））	1年
	振出人および裏書人に対する遡求権 ②遡求義務を履行して手形を受け戻した裏書人からの場合	手形を受け戻した日または訴えを受けた日	6カ月
小切手	振出人・裏書人・保証人に対する所持人からの遡求権	呈示期間経過後の初日	6カ月
	小切手を受け戻した者からの他の小切手債務者に対する再遡求権	小切手を受け戻した日または訴えを受けた日	6カ月
	支払保証人に対する請求権	呈示期間経過後の初日	1年

3-11　線引小切手①

> 《問》線引小切手に関する次の記述のうち、最も不適切なものはどれか。
> 1）金融機関は、自己の取引先または他の金融機関以外の者からは線引小切手を取得することができず、取立委任を受けることもできないので、現金をもって預金口座を開設し、その直後に線引小切手を受け入れる行為は、小切手法違反になるものとされる。
> 2）線引小切手における被指定金融機関の名称の抹消や線引自体の抹消は、振出人の届出印による訂正の意思表示がある場合に限り、小切手法上もその抹消の効力が認められる。
> 3）小切手へ線引をなすことができる者は、振出人または所持人である。
> 4）一般線引小切手は、特定線引小切手に変更することができる。

・解説と解答・

1）適切である（小切手法38条3項）。
2）不適切である。一般線引を特定線引に変更することはできるものの、特定線引を一般線引に変更することは認められず（小切手法37条4項）、また、被指定金融機関の名称の抹消や線引自体の抹消も、権限のある者によってなされたか否かを問わず、小切手法上認められていない（小切手法37条5項）。ただし、実務上、記載された線引を抹消する必要が生じることがあることから、当座勘定規定〔線引小切手の取扱い〕は、線引小切手の裏面に振出人の届出印の押捺または届出の署名がなされているときは、金融機関は、その持参人に支払うことができ、これによって小切手法38条5項の規定による損害が生じても、金融機関は振出人に対してはその責めを負わない旨を定めており、また、第三者に生じた損害を金融機関が賠償した場合には、振出人に対して求償できる旨、定めている。
3）適切である（小切手法37条1項）。
4）適切である。特定線引小切手は、一般線引小切手よりも支払受領資格を制限しているので、一般線引小切手を特定線引小切手に変更することはできるが、その逆は認められない（小切手法37条4項）。

正解　2）

3-12　線引小切手②

《問》線引小切手に関する次の記述のうち、最も適切なものはどれか。
1) 所持人がいったん甲銀行に取立委任をし、甲銀行が自行を被指定銀行とする特定線引をした後、これを組み戻して乙銀行に改めて取立委任をした場合、甲・乙いずれの銀行においても当該小切手を受け入れることができない。
2) 金融機関が小切手法に違反して行った線引小切手の取立や支払は、無効である。
3) 自金融機関の他店舗で当座勘定取引をしている場合でも、自店の取引先でなければ、線引小切手による普通預金の新規開設を受け入れることはできない。
4) 休眠口座の顧客でも、線引小切手にいう取引先に該当する。

・解説と解答・

1) 適切である。特定線引が2個となり、その1個が手形交換のためのものでもなく、特定線引の抹消もできないため、いずれの銀行も受け入れることができない（小切手法37条5項、38条4項）。
2) 不適切である。線引に違反してなされた取立や支払も無効ではない。ただし、小切手法38条の規定に違反して線引小切手を支払あるいは取り立てた金融機関は、これがために生じた損害につき、小切手金額を上限として賠償する責任を負う（小切手法38条5項）。
3) 不適切である。同一金融機関の他店舗の取引先が小切手法38条の取引先に含まれるか否かについては争いがあるが、通説では、肯定してよいものとしている。
4) 不適切である。小切手法38条1項、2項、3項にいう金融機関の取引先は、少なくても金融機関取引を通じて、相手方の素性信用が判明している者を指すとされているので、休眠口座の取引先は、線引小切手にいう取引先には該当しないものと考えられる。

<u>正解　1)</u>

3－13　電子交換所の交換対象証券

《問》電子交換所による手形・小切手の交換開始後の手形、小切手、その
　　　他の証券の取扱いに関する次の記述のうち、最も適切なものはどれ
　　　か。
　1）QR コード付き統一手形・小切手用紙が導入され、原則として、従
　　　来の QR コードのない手形・小切手用紙は利用することができない。
　2）支払後の紙の手形・小切手は、原則として 2 年間は取立金融機関で
　　　保管される。
　3）日銀小切手は、電子交換所での交換可能証券である。
　4）参加銀行における行内交換手形は、電子交換所での交換可能証券で
　　　ある。

● 解説と解答 ●

　電子交換所は、全面的な電子化が達成されるまでの過渡期の対応として、
流通する紙の約束手形等について、銀行間の手形交換の仕組みを電子化するこ
とにより、金融界としてのコスト削減や自然災害等への耐久性向上等の効果を
目的として設立するものである。
1）不適切である。利用者の手続に変更はなく、従来のQRコードのない手形
　　用紙もこれまで通り利用できる。
2）不適切である。電子交換所制度への移行後は、交換日から起算して 3 カ月
　　後の応当日までは取立金融機関で現物が保管される（電子交換所規則35
　　条）が、同日経過後は保管義務がなくなる。電子交換所システムに登録さ
　　れた証券イメージデータおよび証券データは11年 2 カ月後の応当日の前日
　　まで保管される（同規則37条）。
3）不適切である。電子交換所による手形・小切手の交換開始後は、日本銀行
　　小切手、合衆国関係小切手、国債証券および元利金、国庫金送金通知書な
　　どは、交換決済対象外とされている。
4）適切である。参加銀行の事務合理化のため個別金融機関の判断により行内
　　交換手形を持ち出すことができる。
　　（https://www.zenginkyo.or.jp/fileadmin/res/news/news340719.pdf）

正解　4）

86

3－14　電子交換所の手形の持出手続

《問》電子交換所の手形の持出手続に関する次の記述のうち、最も適切な
ものはどれか。
1）参加銀行は、交換日の前営業日までに交換所への持出を行うことに
なるが、交換日の前営業日までの持出が困難な場合は、交換日当日
の午前 9 時30分まで持出を行うことができる。
2）参加銀行は、所持人から取立依頼を受けた手形のうち、月末日を支
払期日とする手形については、原則として、交換日の 2 営業日前の
午後 9 時30分までに持出を行わなければならない。
3）月初日や五・十日払手形を支払期日とする手形については、原則と
して、交換日の前営業日の午後 9 時30分までに持出を行うよう努め
なければならない。
4）持出銀行は、持帰銀行の承認が得られた場合、交換日の当日午前 9
時30分まで持出を行うことができる。

・解説と解答・

　参加銀行は、交換に付す手形の証券イメージを電子交換所システムに登録
するが、これを持出という（電子交換所規則 2 条、10条、18条）。
1）不適切である。交換日の前営業日までの持出が困難な場合は、交換日当日
の午前 8 時30分まで持出を行うことができる（電子交換所規則19条 1 項）。
2）不適切である。月末日を支払期日とする手形（当日が銀行の休業日の場合
には、翌営業日までの各日を期日とする手形を含む）については、交換日
の 4 営業日前の午後 9 時30分までに持出を行わなければならない（電子交
換所規則20条 1 項）。
3）不適切である。月初日や五・十日払手形を支払期日とする手形（当日が銀
行の休業日の場合には、翌営業日までの各日を期日とする手形を含む）に
ついては、交換日の 4 営業日前の午後 9 時30分までに持出を行うよう努め
なければならない（電子交換所規則20条 2 項）。
4）適切である。持出銀行は、持帰銀行の承認が得られた場合、交換日の当日
午前 9 時30分まで持出を行うことができる（電子交換所規則19条 2 項）。

正解　4）

3−15　電子交換所の交換手続

《問》電子交換所の手形交換に関する次の記述のうち、最も適切なものは
どれか。
1）参加銀行は、交換計数確定後の点検において、持帰手形の証券デー
タのうち持帰銀行や金額について証券イメージと異なることを認識
した場合、交換日当日の午後6時までに証券データを訂正する。
2）参加銀行は、持帰手形のうち支払に応じがたい不渡手形があるとき
は、交換日の翌営業日午前9時30分までに不渡手形として電子交換
所システムに登録を行い、交換日の翌営業日の交換尻決済におい
て、不渡手形に係る代り金を受け取る。
3）加盟銀行は、交換尻が借方となった場合において、日本銀行におけ
る当座勘定の資金が交換尻振替請求の金額に満たないときは、その
不足金額を翌営業日の午前11時までに日本銀行に払い込まなければ
ならない。
4）参加銀行は、持帰手形の証券データのうち、持帰銀行、金額または
交換希望日が証券イメージと異なることを認識した場合、交換日当
日の正午までに、電子交換所システムにおいて証券データの訂正を
行うことにより、交換日当日の交換計数（交換尻決済額）に反映す
ることができる。

・解説と解答・

1）不適切である。参加銀行は、交換日当日の午後3時までに証券データを訂
正するものとする（電子交換所規則34条）。
2）不適切である。参加銀行は、不渡手形があるときは、交換日の翌営業日午
前11時までに不渡手形として電子交換所システムに登録を行う（電子交換
所規則33条）。
3）不適切である。交換尻が借方となった場合において、日本銀行における当
座勘定の資金が交換尻振替請求の金額に満たないときは、その不足金額を
当日の午後3時までに日本銀行に払い込まなければならない（電子交換所
規則29条）。
4）適切である（電子交換所規則25条）。

<u>正解　4）</u>

3－16　電子交換所の手形の不渡事由

《問》電子交換所における手形の不渡事由に関する次の記述のうち、最も
不適切なものはどれか。

1）0号不渡事由とは適法な呈示でないこと等を事由とする不渡事由で
あり、例えば裏書不備、依頼返却、イメージ不鮮明、約定用紙相違
などがある。

2）第1号不渡事由は、資金不足または取引なしによる不渡事由であ
り、不渡情報登録を要するが、取引停止処分中の者に係る不渡（取
引なし）については、不渡情報登録を要しない。

3）第2号不渡事由には、例えば契約不履行、詐取、紛失、盗難、印鑑
（署名鑑）相違、偽造、変造などの事由がある。

4）持出銀行は、0号不渡事由以外の不渡情報登録が行われた場合、交
換日の翌々営業日の午前9時30分までに、その登録された情報を確
認し、必要な情報を登録しなければならない。

・解説と解答・

　手形の不渡があったときは、当該手形の支払銀行は、①「資金不足」また
は「取引なし」の不渡、②細則で定める適法な呈示でないこと等を事由とする
ものを除く不渡に該当する場合において、交換日の翌営業日の午前11時まで
に、電子交換所システムに不渡に係る情報を登録（不渡情報登録）しなければ
ならない。ただし、取引停止処分中の者に係る不渡および細則で定める適法な
呈示でないこと等を事由とする不渡については、不渡情報登録は要しない（電
子交換所規則第40条）。

1）不適切である。約定用紙相違は第2号不渡事由である。0号不渡事由と
は、適法な呈示でないこと等を事由とする不渡事由（形式不備（振出日お
よび受取人の記載のないものを除く）、裏書不備、引受なし、呈示期間経
過後（手形に限る）、呈示期間経過後かつ支払委託の取消（小切手に限
る）、破産法等による事由、依頼返却、案内未着、二重持出、該当店舗な
し、レート相違・換算相違、振出人等の死亡、再交換禁止、イメージ不鮮
明などであり、この場合、不渡情報登録は不要である（電子交換所規則施
行細則33条）。

2）適切である。第1号不渡事由は、資金不足（手形が呈示されたときにおい

て当座勘定取引はあるがその支払資金が不足する場合）または取引なし
（手形が呈示されたときにおいて当座勘定取引のない場合）による不渡事
由であり、この場合、不渡情報登録を要する。ただし、取引停止処分中の
者に係る不渡（取引なし）については不渡情報登録を要しない（電子交換
所規則施行細則33条）。

3）適切である。第2号不渡事由とは、0号不渡事由および第1号不渡事由以
外のすべての不渡事由であって、例えば、契約不履行、詐取、紛失、盗
難、印鑑（署名鑑）相違、偽造、変造、取締役会等不存在、金額欄記載方
法相違などの事由がある。この場合、不渡情報登録を要する（電子交換所
規則施行細則33条）。

4）適切である。持出銀行は、第1号または第2号の不渡情報登録が行われた
場合、交換日の翌々営業日の午前9時30分までに、その登録された情報を
確認し、必要な情報を登録しなければならない。同時刻までに確認を行わ
なかった場合、持出銀行は本項に定める確認を行ったものとみなされる
（電子交換所規則40条2項）。

正解　1）

3-17　電子交換所の異議申立

《問》電子交換所における異議申立制度に関する次の記述のうち、最も不
　　適切なものはどれか。
　1 ）支払銀行は、第1号不渡事由の不渡情報登録に対し、交換日の翌々
　　　営業日の午後3時までに異議申立をすることができる。
　2 ）不渡の事由が偽造または変造である場合は、支払銀行は、交換所に
　　　対し異議申立預託金の預託の免除を請求することができる。
　3 ）異議申立は、支払銀行が、振出人等から異議申立依頼書の提出およ
　　　び自行の定める手続により異議申立預託金の預け入れを受けたうえ
　　　で、異議申立書を提出することにより行う。
　4 ）異議申立に係る不渡手形について当該手形債権を請求債権とし異議
　　　申立預託金の返還請求権を差押債権とする差押命令が支払銀行に送
　　　達された場合には、持出銀行は、差押命令送達届を交換所に提出す
　　　ることができる。

・解説と解答・

　1 ）不適切である。支払銀行は、第2号不渡事由の不渡情報登録に対し、交換
　　　日の翌々営業日の午後3時までに異議申立をすることができる（電子交換
　　　所規則45条1項）。
　2 ）適切である。不渡の事由が偽造または変造である場合は、支払銀行は、交
　　　換所に対し、細則で定めるところにより異議申立預託金の預託の免除を請
　　　求することができる（電子交換所規則45条2項但書）。
　3 ）適切である（電子交換所規則施行細則38条）。
　4 ）適切である（電子交換所規則施行細則42条）。

<u>正解　1 ）</u>

3 −18　電子記録債権の仕組み

《問》全銀電子債権ネットワーク（でんさいネット）の電子記録債権（以下、「でんさい」という）の仕組みに関する次の記述のうち、最も適切なものはどれか。
1) 利用者には、1 法人（個人事業主である場合には 1 人）につき 1 つの利用者番号が付与され、複数の窓口金融機関を利用する場合であっても、利用者番号は 1 つである。
2) でんさいの発生、譲渡等は、記録日から起算して 7 銀行営業日の間は、発生、譲渡等の記録請求をした者の相手方が単独で取り消すことができる。
3) でんさいを譲渡する場合は、原則として、当該譲渡者が保証する旨の特段の意思表示をしない限り、保証記録は行われない。
4) でんさいを発生させる際の債権金額は 1 万円以上10億円未満で、1 円単位で設定でき、また、でんさいの支払期日は、電子記録年月日から起算して 7 銀行営業日経過した日以降で10年後の応当日までの範囲で設定できる。

・解説と解答・

1) 適切である。利用者番号とは、利用者を特定するためにでんさいネットが付与する 9 桁の番号である。電子記録の請求など、でんさいネットを利用する際に必要となる。利用者が複数の窓口金融機関を通じてでんさいネットを利用する場合でも、利用者番号は 1 法人（個人事業主である場合には 1 人）につき 1 つである。法人顧客で本社と支社とで異なる窓口金融機関を利用される場合でも、法人格が同一であれば利用者番号も同じである。
2) 不適切である。でんさいの発生、譲渡等は、記録日から起算して 5 銀行営業日の間は、発生、譲渡等の記録請求をした者の相手方が単独で取り消すことができるが、当該期間を経過した場合は、「でんさいの記録内容の変更」の手続が必要となる。
3) 不適切である。債権者（譲渡人）が譲渡記録の請求をする場合、併せて譲渡保証記録を請求する。これは、当該債権者（譲渡人）が電子記録保証人となり、発生記録における債務者の債務を主たる債務とする保証記録となる。でんさいネットでは、債権者がでんさいを譲渡する場合、原則として

保証記録も併せて記録される仕組みとしている。でんさいを譲渡しようとする債権者は、「保証しない」という特段の意思表示をしない限り、保証記録請求も併せて行ったものとして記録される。(でんさいネット業務規程31条2項)

4) 不適切である。でんさいの債権金額は1円以上100億円未満で設定する(でんさいネット業務規程30条2項1号、でんさいネット業務規程細則17条7項)。

正解 1)

3-19　でんさいの記録の種類

《問》全銀電子債権ネットワーク（でんさいネット）の電子記録債権（以下、「でんさい」という）の記録に関する次の記述のうち、最も不適切なものはどれか。

1）でんさいは、利用者からの発生記録の請求に基づき、電子記録義務者（発生記録においては債務者）が債権金額、支払期日、債権者情報および債務者情報等の必要な事項について承諾した時に債権が発生する。

2）でんさいの変更記録とは、でんさいに記録された利用者登録事項（法人名、住所、決済口座等）の内容、でんさいの支払期日・債権金額等を変更するためにする記録である。

3）でんさいの譲渡記録は、譲渡する旨および譲渡人と譲受人の情報等の必要な事項を記録原簿に記録した時に効力が発生する。

4）単独保証記録とは、でんさいの譲渡を伴わずに、単独で保証人の電子記録保証を付すためにする記録である。

・解説と解答・

1）不適切である。発生記録とは、利用者からの発生記録請求を受け、でんさいネットがでんさいの発生を記録原簿に記録することである。でんさいは、利用者からの発生記録の請求に基づき、でんさいネットが債権金額、支払期日、債権者情報および債務者情報等の必要な事項を記録原簿に記録した時に債権が発生する。

2）適切である。利用者登録事項（法人名、住所、決済口座等）の変更は、利用者が単独で請求することができるが、支払期日・債権金額の変更はでんさいの相手方の承諾が必要である。複数の利害関係者がいる場合には、全員の承諾を書面で得る必要がある。

3）適切である。譲渡記録とは、利用者がでんさいを第三者に譲渡するためにする記録であり、譲渡記録には、原則として、譲渡保証記録が付される。

4）適切である。単独保証記録は、債権者が請求し、電子記録保証人が請求を承諾することにより記録される。

正解　1）

3－20　でんさいの利用方法

《問》全銀電子債権ネットワーク（以下、「でんさいネット」という）の
電子記録債権（以下、「でんさい」という）の利用に関する次の記
述のうち、最も適切なものはどれか。
1）でんさいの利用者は、印紙税と登録免許税のいずれも負担する必要
がない。
2）でんさいの二重譲渡のリスクを排除するため、債権者は債務者へ譲
渡通知をする必要がある。
3）でんさいネットの利用者がその利用に当たって窓口金融機関に支払
う利用料金は、でんさいネットが全国一律に定めている。
4）でんさいネットは、利用者と窓口金融機関とでんさいネットの三者
間で利用契約を締結すれば利用できるため、でんさい取引の相手方
（債権者、譲受人、保証人等）は利用者である必要がない。

・解説と解答・

　でんさいを利用するメリットとしては、取立てや受取りの手続が不要で事
務負担が少ないことや、紛失するリスクがないこと、分割して譲渡や資金化が
できること、印紙代・郵送費などのコストが削減されることなどが挙げられて
いる。
1）適切である。
2）不適切である。電子記録債権は、電子記録することをその発生や譲渡の要
　件としており、当事者間の合意のみでは譲渡できないため、二重譲渡のリ
　スクは排除されており、債務者への通知または債務者の承諾は必要ない。
3）不適切である。でんさいネットは、利用者と窓口金融機関とでんさいネッ
　トの三者間で利用契約を締結することにより、窓口金融機関を通じて利用
　することができる。利用者は利用に当たって窓口金融機関が定める料金を
　支払うが、その利用料金は、料金体系も含めてそれぞれの窓口金融機関が
　定めている。
4）不適切である。でんさいネットを利用するためには、でんさい取引の相手
　方（債権者、譲受人、保証人等）も利用者である必要がある。

正解　1）

3 −21　でんさいの発生請求

> 《問》全銀電子債権ネットワーク（でんさいネット）の電子記録債権（以下、「でんさい」という）の発生記録に関する次の記述のうち、最も不適切なものはどれか。
> 1 ）でんさいは、支払方法を分割払いとして発生させることができる。
> 2 ）債務者請求方式では、5 営業日以内であれば、電子記録権利者（発生記録においては債権者）は、発生記録を単独で取り消すことができる。
> 3 ）債権者請求方式では、5 営業日以内に、電子記録義務者（発生記録においては債務者）が、でんさいの発生記録について承諾しなければ、その請求が効力を失う。
> 4 ）サービス停止日をでんさいの発生日にする場合、予約請求のみ可能であり、当日付請求はできない。

・解説と解答・

1 ）不適切である。支払方法を分割払いとするでんさいを発生させることができない（一括払いのでんさいのみ発生させることができる）。
2 ）適切である。債務者請求方式とは、電子記録義務者（発生記録においては債務者）となる利用者が発生記録等を記録請求する方式である。この方式では、5 営業日以内であれば、電子記録権利者（発生記録においては債権者）は、単独で取り消すことができる。
3 ）適切である。債権者請求方式とは、電子記録権利者（発生記録においては債権者）である利用者が発生記録等を記録請求する方式である。
4 ）適切である。銀行休業日をでんさいの発生日にできる。また、毎月第二土曜日の計画停止日等のサービス停止日を発生日にすることも可能である。銀行休業日を発生日にする場合、予約請求および当日付請求のいずれも可能であるが、サービス停止日を発生日にする場合、予約請求のみ可能であり、当日付請求（サービス停止日当日の請求）はできない。

正解　1 ）

3－22　でんさいの譲渡・割引

《問》全銀電子債権ネットワーク（でんさいネット）の電子記録債権（以下、「でんさい」という）の譲渡・割引・差押え等に関する次の記述のうち、最も不適切なものはどれか。

1）金融機関が行う手形割引は手形権利者が所持している手形を金融機関へ裏書譲渡するが、でんさい割引はでんさいの債権者がでんさいの債務者を譲受人とする譲渡記録を行う。
2）電子記録債権の差押えにより、滞納者はその電子記録債権の取立てその他の処分または電子記録の請求が禁止され、第三債務者はその電子記録債権の履行が禁止され、電子債権記録機関はその電子記録債権に係る電子記録が禁止される。
3）債権金額が1,000万円のでんさい割引にあたり、400万円の資金が必要な債権者は、400万円分のみの割引申込を行うことができる。
4）でんさいを譲渡する場合は、債権者（譲渡人）は、窓口金融機関を通じて譲渡記録請求を行い、でんさいネットは、当該請求を受けて譲渡記録を行い、譲受人の窓口金融機関を通じて譲渡記録を行った旨が譲受人に通知される。

・解説と解答・

電子記録債権法は、電子債権記録機関（以下「記録機関」という。）が調製する記録原簿への電子記録をその発生、譲渡等の要件とする電子記録債権について定めるとともに、その電子記録を行う記録機関の業務、監督等について必要な事項を定めている。

1）不適切である。でんさい割引は、でんさいの債権者が参加金融機関を譲受人とする譲渡記録を行う。なお、他の記録機関で発生させた電子記録債権をでんさいネットで利用したい場合は、「特定記録機関変更記録」をすることにより、でんさいネットと提携した他の記録機関（提携記録機関）で発生させた電子記録債権をでんさいネットに移動し、「でんさい」として取り扱うことができる。
2）適切である（国税徴収法62条の2、同法施行令21条、27条）。なお、電子記録債権の差押えは、債権差押通知書が記録機関に送達された時にその効力が生ずるが、第三債務者との関係においては、債権差押通知書が第三債

務者に送達された時にその効力が生ずる。

3）適切である。電子記録債権は、分割（債権者または債務者として記録され
　　ているものが2人以上いる場合において、特定の債権者または債務者につ
　　いて分離することを含む）をすることができる。

4）適切である。

正解　1）

3－23　でんさいの支払不能処分制度

《問》全銀電子債権ネットワーク（以下、「でんさいネット」という）の
支払不能処分制度に関する次の記述のうち、最も不適切なものはど
れか。

1）同一債務者が6カ月の間にでんさいの支払不能（債務者の信用に関
しない支払不能の場合を除く）が2回あった場合は、取引停止処分
が科される。
2）でんさいが支払不能になると、その事由を問わず、でんさいネット
に参加しているすべての金融機関に支払不能通知がなされる。
3）第2号支払不能事由とは、発生記録または譲渡記録の原因である契
約に不履行があった場合などの事由で支払不能となった場合で、異
議申立を行った場合に限り取引停止処分の対象とはならない。
4）利用者または利用契約を解約しもしくは解除された元利用者は、窓
口金融機関を通じてでんさいネットに対し、支払不能通知または取
引停止通知の有無および通知された支払不能情報の内容を照会する
ことができる。

・解説と解答・

1）適切である（業務規程48条）。
2）不適切である。支払期日にでんさいの支払が行われなかった場合（支払不
能）、このでんさいの債務者について支払不能が生じた旨およびその事由
が、支払期日の3銀行営業日後に全金融機関に支払不能通知がなされる
（ただし、債務者の信用に関しない支払不能の場合（0号支払不能事由を
除く）（同業務規程47条）。
3）適切である（同業務規程47条）。
4）適切である（同業務規程54条）。

正解　2）

3-24　でんさいネットの異議申立制度

《問》全銀電子債権ネットワーク（以下、「でんさいネット」という）の
異議申立制度に関する次の記述のうち、最も不適切なものはどれ
か。
1）異議申立とは、でんさいの支払不能が0号支払不能事由または第1
号支払不能事由による場合に、利用者が支払不能通知または取引停
止処分の猶予を求めることで、異議申立を行う場合には異議申立預
託金を窓口金融機関に預け入れる必要がある。
2）異議申立を行う場合には、でんさいの支払期日の前銀行営業日まで
に、でんさいネット所定の書類を窓口金融機関に提出する。
3）異議申立を行う場合には、窓口金融機関が定める日時までに、異議
申立の対象となるでんさいの債権金額と同額の金銭（異議申立預託
金）を窓口金融機関に預け入れる。
4）債務者が、自らが債務者となっているでんさいが不正作出されたこ
とを理由として異議申立を行う場合は、異議申立預託金の預入れの
免除を申し出ることができる。

・解説と解答・

1）不適切である。異議申立とは、でんさいの支払不能が第2号支払不能事由
による場合に、利用者が支払不能通知または取引停止処分の猶予を求める
ことで、異議申立を行う場合は異議申立預託金を窓口金融機関に預け入れ
る必要がある。
2）適切である。
3）適切である。
4）適切である。

正解　1）

第4章

預金の特殊実務

4－1　預金の差押え①

《問》預金の差押えに関する次の記述のうち、最も適切なものはどれか。
1）差押えは、差押命令書に記載された差押金額を限度として、その効力が及ぶものであり、差押後の新たな入金や振込金についても、その限度に満つるまで差押えの効力は及ぶ。
2）債権差押命令が裁判所から発令されると、債務者に債権差押命令正本が送達され、その後、裁判所から債権者と第三債務者（金融機関）に債権差押命令正本が送付される。
3）預金の差押えの効力は、差押命令が第三債務者（金融機関）に送達された時ではなく、債務者（預金者）に送達された時である。
4）第三債務者（金融機関）が、差押債権の存否等の陳述を求められた場合には、催告書が送達された日から2週間以内に、陳述書を作成して、執行裁判所宛に提出しなければならない。

・解説と解答・

1）不適切である。差押えは、差押命令書受理時点の預金債権に対して、差押金額を限度としてその効力が及ぶものであり、その後の新たな入金や振込金には、差押えの効力は及ばない。
2）不適切である。債権差押命令が裁判所から発令されると、裁判所から第三債務者に債権差押命令正本が送達され、その後、裁判所から債務者に債権差押命令正本が送達される。一方、債権者に対しては債権差押命令正本が送付されるとともに、債務者および第三債務者への送達年月日を記載した送達通知書（民事執行規則134条）が送付される。
3）不適切である。差押命令が第三債務者である金融機関に送達された時に差押えの効力が発生し、それ以降、第三債務者である金融機関はその預金を預金者に支払ってはならないし、預金者はその預金の処分（払戻、譲渡、質入等）を禁止される（民事執行法145条5項）。
4）適切である（民事執行法147条1項、民事保全法50条5項）。

正解　4）

4-2　預金の差押え②

《問》預金の差押えに関する次の記述のうち、最も不適切なものはどれか。

1）仮差押命令は、単に差押えた預金を保全するだけの効力しかなく、差押命令のように差し押さえた預金を取り立てる権限は与えられない。

2）金融機関は、預金債権の内容に係る問合せを受けても、守秘義務を理由に応じないことから、差押債権の特定において、債権者が「複数の店舗に預金債権があるときは、支店番号の若い順序による」という順位づけをして、概括的に差押債権を表示することは許容されている。

3）転付命令は、差押えられた預金を券面額で差押債権者に移転させる命令のことで、その金額の限度で、預金者（債務者）に対する債権も弁済されたものとみなされる。

4）預金債権に対する差押えには、民事執行法等に基づく強制執行として、私債権の回収のために行われるものと、国税徴収法等に基づく滞納処分として、公租公課の回収のために行われるものがある。

・解説と解答・

1）適切である（民事保全法20条）。

2）不適切である。このような申立ては（全店一括順位付け方式）、差押債権の特定を欠き、不適法であるとされる（最決平23.9.20、民集65巻6号2710頁）。

3）適切である（民事執行法160条）。

4）適切である（民事執行法145条、国税徴収法62条）。

正解　2）

4－3　差押えの競合・供託①

《問》預金の差押えに関する次の記述のうち、最も不適切なものはどれ
　　か。
　1）既に税務署から滞納処分を受けている預金に対して、社会保険事務
　　　所からも滞納処分による差押えを受けた場合には、差押えが競合す
　　　るので、供託する。
　2）滞納処分による差押えは、民事執行法に基づく差押えと異なり、執
　　　行裁判所を経由することなく、差押債権者である税務署が直接、預
　　　金の取立を行うことができる。
　3）仮差押えの後に、同一預金に対して滞納処分による差押えが競合し
　　　た場合は、供託することなく処分庁に支払ってよい。
　4）第三債務者（金融機関）は、預金に対する一部差押えの場合でも、
　　　当該差押えに係る預金全額を供託することができる。

● 解説と解答 ●

1）不適切である。（先着）滞納処分－（後着）滞納処分の場合には、先着の
　　差押債権者が取立権を有する（国税徴収法基本通達第62条関係の7）。
2）適切である。預金債権に対する民事執行法上の差押えは、裁判所の命令に
　　よって発せられるが、滞納処分による差押えは、債権者である国や地方公
　　共団体等の徴収職員によって直接行われる。この差押えは、第三債務者で
　　ある金融機関に対して債権差押通知書を送達することによって行われ（国
　　税徴収法62条1項）、金融機関に送達された時にその効力が生じ（国税徴
　　収法62条3項）、取立権を取得する（国税徴収法67条1項）。また、滞納者
　　（預金者）には、差押調書の謄本が送付される（国税徴収法54条2号）。
3）適切である。預金に対する仮差押えと滞納処分による差押えが競合した場
　　合、滞納処分による差押えに基づく取立てに応じて弁済してもよいし（国
　　税徴収法140条）、差し押さえられた預金の全額を供託してもよい（権利供
　　託）（滞調法36条の12、20条の6）。これは仮差押えと滞納処分による差押
　　えのいずれが先着であっても同様である（同法20条の9など）。
4）適切である。預金債権に対して1個の差押えがあった場合、その差押え
　　が、預金債権の全部に対してされたか、一部に対してされたかを問わず、
　　預金債権の全額を供託することができる（民事執行法156条1項）。

正解　1）

4 - 4　差押えの競合・供託②

《問》次の表の 1 ）～ 4 ）のように、差押えが競合した場合、民事執行法等に照らし、第三債務者である金融機関の供託の区分について、最も不適切なものはどれか。

	先着	後着	供託の区分
1)	差押え	滞納処分	権利供託
2)	仮差押え	仮差押え	権利供託
3)	滞納処分	差押え・転付	権利供託
4)	仮差押え	差押え	義務供託

・解説と解答・

1 ）不適切である。先着の強制執行による差押えと後着の滞納処分による差押えが競合するときは、被差押債権全額について供託しなければならず（義務供託）、供託したときは、執行裁判所に供託した旨の事情を届け出なければならない（滞調法36条の 6 第 1 項）。

2 ）適切である。仮差押えの執行の競合の段階では供託の義務を負わないが、被差押債権の全額を供託することができる（権利供託）。供託したときは、先に送達された仮差押命令を発した裁判所に供託した旨の事情を届け出なければならない（民事保全法50条 5 項、民事執行法156条 1 項）。

3 ）適切である。先着の滞納処分による差押えと後着の差押えが競合するときは、滞納処分による取立てに応じて弁済してもよいし（弁済した残余の部分については、供託も可能である（権利供託））、被差押債権の全額を供託することもできる。この供託をしたときは、事情届を徴収職員等に届け出なければならない（滞調法20条の 6 第 3 項）。なお、滞納処分による差押えがなされている部分については、転付命令の効力は生じない。

4 ）適切である。被差押債権全額について供託しなければならず（義務供託）、供託したときは、差押命令を発した裁判所に供託した旨の事情を届け出なければならない（民事保全法50条 5 項、民事執行法156条 2 項）。

正解　 1 ）

4－5　差押えの競合・供託③

> 《問》次の表の1）～4）のように、差押えが競合した場合、民事執行
> 法等に照らし、第三債務者である金融機関の供託の区分について、
> 最も適切なものはどれか。

	先着	後着	供託の区分
1）	差押え	仮差押え	義務供託
2）	差押え	差押え	権利供託
3）	滞納処分	仮差押え	義務供託
4）	差押え	差押え・転付	権利供託

・解説と解答・

1）適切である。被差押債権の全額を供託したうえ（義務供託）、先着の差押
命令を発した裁判所に供託した旨の事情を届け出なければならない（民事
執行法156条2項、4項）。

2）不適切である。被差押債権の全額を供託したうえ（義務供託）、先着の差
押命令を発した裁判所に供託した旨の事情を届け出なければならない（民
事執行法156条2項、4項）。

3）不適切である。先着の滞納処分による差押えと後着の仮差押え執行が競合
するときは、滞納処分による取立てに応じて弁済してもよいし（弁済した
残余の部分については、供託も可能である（権利供託））、被差押債権の全
額を供託することもできる。この供託をしたときは、事情届を徴収職員等
に届け出なければならない（滞調法20条の9第1項、20条の6）。なお、
先着の仮差押え執行と後着の滞納処分による差押えが競合する場合も取立
てに応じて弁済してもよいし、被差押債権の全額を供託することもできる
（権利供託）（国税徴収法140条、滞調法36条の12、20条の6）。

4）不適切である。後着の転付命令が優先権を有する債権者の申立てに基づく
ものでない限り、その転付命令の効力は生ぜず、被差押債権の全額を供託
したうえ（義務供託）、先着の差押命令を発した裁判所に供託した旨の事
情を届け出なければならない（民事執行法156条2項、4項）。

正解　1）

4－6　差押えの競合・供託④

《問》預金に対する差押えに関する次の事例に基づく 1 ）～ 4 ）の記述
　　のうち、最も適切なものはどれか。なお、延滞金等の額は考慮しな
　　いものとする。

――――《事　例》――――

　甲銀行乙支店の取引先Aの満期日未到来の定期預金200万円に対し
て、5 月 9 日（月）、税務署から150万円を滞納額とする滞納処分によ
る差押通知書（差押債権額150万円）が送達された。さらに、5 月12日
（木）、裁判所から同預金に対し、強制執行による100万円の債権差押命
令が送達された。

1 ）滞納処分による差押えが先行しているので、強制執行による差押え
　　は無効となる。
2 ）甲銀行は、二重に差押えを受けたので、定期預金の全額を供託しな
　　ければならない。
3 ）甲銀行は、税務署から差押えを受けた150万円について、徴収職員
　　等に対し、直接に弁済することはできない。
4 ）定期預金の満期日が到来したときは、甲銀行は、強制執行による差
　　押債権者に50万円を支払うことができる。

・解説と解答・

1 ）不適切である。先行の滞納処分による差押えと後行の強制執行による差押
　　えが競合したときは、強制執行による差押えの効力は、預金債権の全部に
　　及ぶとされており、無効となるものではない。
2 ）不適切である。滞納処分による差押えを受けたAの定期預金について強制
　　執行による差押えを受けたときは、定期預金の全額を満期日が到来したと
　　きに供託することができるが（権利供託）、供託を義務づけられるもので
　　はない（滞調法20条の 6 第 1 項）。
3 ）不適切である。先行に滞納処分が、後行に強制執行による差押えがある場
　　合、滞納処分による差押えがされた部分については、金融機関は、徴収職
　　員等に対し直接に弁済することができる（国税徴収法 8 条、67条 1 項）。
4 ）適切である。

正解　4 ）

4－7 相殺の概要①

《問》相殺に関する次の記述のうち、最も不適切なものはどれか。
1) 自働債権とは、相殺する側からみて、その者が相手方に対して有する債権のことで、「反対債権」ともいい、金融機関から行う相殺の場合、貸付債権や買戻請求権がこれに当たる。
2) 相殺とは、債務者が債権者に対して同種の債権を有しているときに、意思表示をすることで、その債権と債務を対当額だけ消滅させる行為である。
3) 相殺は、相手にその通知が到着したことにより効力が発生し、債権債務は相殺した時点を基準として対当額で消滅することになる。
4) 銀行取引約定書等に設けた払戻充当の特約の機能は、相殺に類似しているが、当該特約の対外的な効力等法律関係は、相殺ほど明確ではない。

・解説と解答・

1) 適切である。金融機関取引において相殺の意思表示の相手方は、自働債権（貸付債権）の債務者すなわち受働債権（預金債権）の債権者である。
2) 適切である（民法505条1項、506条1項）。相殺は、単に両債権について相殺が可能な状態（相殺適状）を生じただけでは相殺の効力は生じ意思表示があって初めて効力を生ずる。相手方の同意は不要。受働債権が譲渡され、譲受人が対抗要件を具備するときは、相殺の意思表示はその譲受人に対してなされなければならない。
3) 不適切である。債権債務は、相殺適状の発生時点を基準として対当額でさかのぼって消滅することになる（民法505条1項、506条2項）。
4) 適切である。借入金について、期限の到来、期限の利益の喪失、買戻債務の発生、求償債務の発生その他の事由によって借主が金融機関に対する債務を弁済しなければならない場合には、金融機関は、その債務と借主の預金その他の金融機関に対する債権とを、その債権の期限のいかんにかかわらず、いつでも相殺できることとしている。この相殺ができる場合には、金融機関は、事前の通知および所定の手続を省略し、借主に代わり諸預け金の払戻しを受け、債務の弁済に充当することもできるとする特約を結んでいる（銀行取引約定書〔相殺、払戻充当〕。

正解 3)

4－8　相殺の概要②

《問》相殺に関する次の記述のうち、最も不適切なものはどれか。
1）当座預金を相殺の受働債権とする場合は、事前に当座勘定取引契約を解約したうえで、相殺手続を行うのが望ましい。
2）金融機関が「払戻充当」によって、貸付債権を回収する場合には、取引先に対して事前の通知が必要である。
3）第三者が預金を差し押さえても、その差押え以前から有する反対債権については、その第三者に対抗して相殺することができる。
4）第三者が預金債権を差し押さえて転付命令を取得したうえ、その転付命令が確定した場合、金融機関がその預金者に対して差押え以前から有する貸金債権とその預金債権とを相殺するには、相殺の意思表示は、転付債権者に対して行う必要がある。

・解説と解答・

1）適切である。当座勘定取引契約の法的性質を、手形・小切手の支払を委託する準委任契約と、当座預金という消費寄託契約の混合契約であると解する説（多数説）に基づけば、当座預金は普通預金等と異ならない消費寄託契約であることから、期限の定めのない契約として当座勘定取引契約の解約とは関係なく相殺することができる。しかし、当座預金は手形・小切手の支払を委託する準委任契約を処理するための費用の前払い金であると解する説に基づくと、当座勘定取引契約が有効な間は、当座預金を相殺の用に供することはできないこととなる。なお、当座勘定取引契約を解除するとその後に交換呈示された手形・小切手はすべて不渡となるのに対し、解除しない場合は振出人等が当座預金口座に新たな入金をすることで、その後に交換呈示された手形・小切手を不渡とならないようにすることができる。

2）不適切である。払戻充当の法的性質は、取引先の金融機関に対する払戻しと弁済の委任であると解されている。このため、払戻充当を行ったときは、その旨を取引先に事後報告することが必要である（民法645条）。なお、各種約款では、事前の通知を省略して、払戻充当ができる旨を定めている。

3）適切である。金融機関と取引先の間で締結した取引約定書により、預金債

権の差押命令が発せられた時に借入債務の期限の利益が喪失し、差押命令
送達時には相殺適状となるため、金融機関は預金者に対する貸金債権との
相殺をもって差押債権者に対抗することができる（民法511条1項）。

4）適切である。転付命令の確定により、当該預金債権は転付債権者に移転す
ることとなるものの（民事執行法159条1項、5項、160条）、金融機関
は、差押え以前から存在する貸金債権による相殺を当該転付債権者に対抗
することができることから、その相殺の意思表示は転付債権者に対して行
う必要がある（最判昭32.7.19）。

<u>正解 2）</u>

4－9 相殺の概要③

《問》相殺に関する次の記述のうち、最も不適切なものはどれか。
1）預金者（貸出先）の預金に対して仮差押えがなされた場合、金融機関が相殺通知をすべき相手方は、仮差押債権者である。
2）相殺の意思表示の相手方は、通常の場合には、自働債権の債務者すなわち受働債権の債権者である。
3）滞納処分による差押通知書が送達された場合、金融機関は、国・地方公共団体等（滞納処分庁）または預金者（貸出先）のいずれに対して相殺通知を行っても差し支えない。
4）相殺は当事者の一方からその相手方に対する意思表示（相殺通知）によってする必要があり、これに条件や期限を付してはならない。

・解説と解答・

1）不適切である。仮差押えがあっても預金者が変更されるわけではなく、仮差押債権者が取立権を取得するわけでもないため、相殺通知の相手方は預金者（貸出先）である。なお、預金に対して差押えがあり、差押債権者が取立権を取得している場合には、相殺通知は、預金者（貸出先）または差押債権者のいずれに行っても差し支えないと解されている（最判昭40.7.20）。転付命令が送達された場合、相殺通知の相手方は、転付命令確定前は預金者（貸出先）、転付命令確定後は転付債権者である。

2）適切である。自働債権とは、相殺において、相殺をなそうとする債務者の有する債権（「反対債権」）、金融機関から行う相殺の場合の貸付債権や手形等の買戻請求権などがある。また、受働債権とは、相殺において、相殺を受ける債権（単に「債権」）、金融機関から行う相殺の場合の預金債権をいう。

3）適切である。滞納処分による差押えがあった場合、相殺の意思表示は、差押債権者たる国・地方公共団体等または預金者のいずれに対して行っても差し支えないとされている（最判昭40.7.20）。

4）適切である（民法506条1項）。

<u>正解　1）</u>

4 −10　法定相続人と相続分

《問》法定相続人と相続分に関する次の記述のうち、最も適切なものはどれか。

1 ）被相続人と父母を同じくする兄弟と、母のみを同じくする兄弟は、いずれも第3順位の相続人として同等の相続分を有する。

2 ）被相続人の直系尊属である母と、父（故人）方の祖母がいずれも相続開始時に生存している場合は、両名ともに第2順位の相続人となる。

3 ）民法上、被相続人の実子、養子、認知された非嫡出子はいずれも第1順位の相続人として同等の相続分を有し、かつ、養子の人数に制限はない。

4 ）被相続人の配偶者は、常に相続人となるが、一定要件を満たした内縁の配偶者もこれに含まれる。

・解説と解答・

1 ）不適切である。父母の一方のみを同じくする兄弟姉妹の相続分は、父母の双方を同じくする兄弟姉妹の相続分の2分の1とされている（民法900条4号但書）。

2 ）不適切である。直系尊属で親等が異なる直系尊属が複数いる場合は、被相続人に近い親等の者が相続人となるため、本件では被相続人の母のみが第2順位の相続人となる（民法889条1項1号）。

3 ）適切である。非嫡出子の相続分は嫡出子の2分の1とされていたが、最高裁決定で違憲とされ、嫡出子と同一の相続分を有することとなり（最大決平25.9.4）、平成25年に法改正がなされた。また、相続税法上は、基礎控除に係る計算で養子の人数に制限を設けているが（相続税法15条2項）、民法ではかかる制約を設けていない。

4 ）不適切である。配偶者とは、法律上の婚姻関係にあった者をいい、いわゆる内縁関係にあった者は含まれない（民法890条）。

<u>正解　3 ）</u>

4－11　代襲相続

《問》代襲相続に関する次の記述のうち、最も不適切なものはどれか。
1）推定相続人のうちで相続欠格や相続廃除があった場合、その者の子（被相続人の孫や甥姪）は代襲相続できない。
2）被相続人の子が相続放棄した場合、その者の子（被相続人の孫）は代襲相続できない。
3）直系尊属については、代襲相続は認められない。
4）被相続人に子も直系尊属もいない場合は、その兄弟姉妹が相続人になるが、兄弟姉妹が相続人となる場合に、相続が開始した時点で、その相続人となるはずの兄弟姉妹が死亡していた場合には、その兄弟姉妹の直系卑属である子が代襲相続することになる。

・解説と解答・

1）不適切である。相続欠格、相続廃除があった場合、その者の子が代襲相続する（民法887条2項）。
2）適切である。代襲相続が発生する場合としては、相続開始以前の死亡、欠格事由への該当、廃除の3ケースに限定されている（民法887条2項）。
3）適切である（民法887条）。
4）適切である（民法887条、889条1項2号、2項）。なお、民法889条2項は、887条のみを準用し、887条3項を準用していないため、被相続人の兄弟姉妹およびその子（甥、姪）も死亡していた場合に、さらにその子（甥や姪の子）が代襲することはできない。

正解　1）

4−12　法定相続分

《問》相続に関する次の事例に基づく1）〜4）の記述のうち、最も不適切なものはどれか。

───《事　例》───

⑦　甲銀行の預金者Aの家族構成は、妻B、長男C（配偶者D、子EおよびF）、長女G（配偶者H、子IおよびJ）、二男K（配偶者L、子M）である。

⑦　AおよびBは、孫であるE、F、I、JおよびMと、養子縁組をしている。

⑦　Aの申立てにより、長男Cについては廃除の審判がなされ、確定している。

⑦　上記⑦、⑦の後、2023年4月にAが死亡した。

1）長女Gおよび二男Kの法定相続分は、それぞれ16分の1である。
2）養子縁組をしたI、JおよびMの法定相続分は、それぞれ16分の1である。
3）妻Bの法定相続分は2分の1、長男Cに法定相続分はない。
4）養子縁組をしたEおよびFの法定相続分は、それぞれ14分の1である。

• 解説と解答 •

1）適切である。
2）適切である。
3）適切である。
4）不適切である。養子の相続権について、相続税法では人数制限が設けられているが、民法では制限がないため、Aの孫はいずれも実子と同じ相続分となる。また、廃除によって相続権を失った相続人の子は代襲相続人としての相続権が与えられる（民法887条2項）。したがって、養子縁組をしたEおよびFは、養子としての法定相続分16分の1と、Cの代襲相続分32分の1の合計32分の3がそれぞれ法定相続分となる。

正解　4）

4 - 13　遺言

> **《問》遺言に関する次の記述のうち、最も不適切なものはどれか。**
> 1) 遺言には、普通方式と特別方式があり、普通方式には、自筆証書遺言、公正証書遺言の 2 つの遺言がある。
> 2) 自筆証書遺言は、遺言者がその全文、日付および氏名を自書し、それに押印した遺言書であるが、一定の要件を満たせば、遺言書に添付する財産目録については自書によらないものも有効とされる。
> 3) 公正証書遺言は、遺言者が 2 人以上の証人の立会いのもとに、遺言の趣旨を公証人に口述筆記してもらい、各人がそれに署名捺印した遺言である。
> 4) 遺言書による相続預金の払戻しに際して、金融機関としては、自筆証書遺言については、家庭裁判所による検認手続を行った旨の証明書の徴求を必要とするが、公正証書遺言については不要である。

・解説と解答・

1) 不適切である。普通方式の遺言には、自筆証書遺言、公正証書遺言、秘密証書遺言の 3 つがある（民法967条）。このほかに特別方式の遺言として、死亡危急者の遺言、伝染病隔離者の遺言、在船者の遺言、船舶遭難者の遺言がある（同法976条～ 979条）。

2) 適切である（民法968条 1 項、 2 項）。なお、自筆証書遺言で加除その他の変更は、遺言者がその場所を指示し、これを変更した旨を付記して特にこれに署名し、かつその場所に印を押さなければその効力を生じない（同法968条 3 項）ほか、すべての種類の遺言について、 2 人以上の者が同一の証書ですることができない（同法975条）との制約が設けられている。また、自筆証書遺言の財産目録の作成方式の緩和については、改正民法が施行された2019年 1 月13日以降に作成された遺言書から適用されており、遺言書に添付する財産目録については自書によらないものも有効とされるが、財産目録の毎葉に遺言者の署名捺印が必要である（同法968条 2 項）。

3) 適切である（民法969条）。なお、作成された公正証書遺言の原本は、公証役場で保管され、遺言者にはその正本や謄本が交付される。

4) 適切である（民法1004条）。検認手続は遺言書があったことを明らかにし、それに不法な変更が加えられることを防止するために遺言書の状態を

記録しておく手続であり、遺言書の法的有効性を保証する趣旨のものでは
ない。そのため、公証役場に原本が保管されている公正証書遺言について
は、検認は不要とされている（同法1004条１項、２項）。また、2020年７
月10日から施行された「法務局における遺言書の保管等に関する法律」を
利用した自筆証書遺言についても検認は不要である（同法11条）。自筆証
書遺言に基づく相続預金の払戻しに際しては、その払戻請求書の正当な権
限を示すものが当該自筆証書遺言自体であることから、金融機関側として
は、その遺言書に問題がないことをできるだけ確認する必要があり、その
確認方法として検認済みであることの証明を求めることとなる。自筆証書
遺言の検認手続について、裁判所へは必ず自筆証書遺言の原本の提出が必
要になる。また、遺言の検認手続を経ないで遺言を執行し、または家庭裁
判所外においてその開封をした者は、５万円以下の過料に処せられる（民
法1005条）。なお、秘密証書遺言も自筆証書遺言と同様に、遺言の確認に
は家庭裁判所の検認が必要である。

正解　1）

4-14　遺留分

《問》遺留分に関する次の記述のうち、最も不適切なものはどれか。
1）遺留分とは、相続人のために留保されなければならない最低限の相続割合のことをいう。
2）遺留分は、配偶者、子、直系尊属に認められているが、兄弟姉妹には認められない。
3）配偶者と子2人による共同相続の場合、子1人当たりの遺留分は、被相続人の財産の価額の8分の1である。
4）遺留分を侵害するような相続分の指定や遺贈のある遺言は、無効である。

・解説と解答・

1）適切である。兄弟姉妹以外の相続人の遺留分は遺留分権利者全体で遺産の2分の1（相続人が直系尊属のみの場合は3分の1）と定められており、全体の遺留分を遺留分権利者の法定相続分で按分することで、それぞれの遺留分割合が決定する（民法1042条）。なお、遺留分権利者は、遺留分を放棄することができるが、被相続人の生前に遺留分を放棄する場合は、家庭裁判所の許可が必要になる（相続開始後の遺留分の放棄は、原則として自由である（同法1049条1項））。

2）適切である（民法1042条）。なお、被相続人に子がいれば、直系尊属は相続人にならない。

3）適切である。配偶者と子の共同相続の場合の遺留分は、被相続人の財産の価額の2分の1であり（民法1042条1項2号）、これに子1人当たりの相続分である4分の1を乗じた割合である8分の1が遺留分となる（同法1042条2項）。

4）不適切である。遺留分を侵害する内容の相続分や遺贈の指定がある遺言であっても、遺言そのものが無効とはならない。ただし、遺留分権利者である相続人は、受遺者または受贈者に対して遺留分侵害額に相当する金銭の支払を請求することができる（民法1046条）。この請求は、遺留分権利者が相続開始および遺留分を侵害する贈与または遺贈等があったことを知った時から1年間行使しないときは、時効によって消滅し、相続開始の時から10年を経過したときも同様とする（同法1048条）。

正解　4）

4-15 預金の相続

《問》相続に関する次の事例に基づく1）～4）の記述のうち、最も適
切なものはどれか。

───《事 例》───

預金者Aが死亡し、その相続人は妻B（50歳）、長女C（26歳、既
婚）、長男D（16歳）の3人である。なお、Aの遺言はない。

1）相続人が相続開始を知った時から、6カ月以内に相続の放棄または
限定承認をしないときは、単純承認したものとみなされる。
2）相続の放棄や限定承認は、各相続人が単独で行うことができる。
3）Cが相続を放棄した場合に、Cに子がいても、その者が代襲相続す
ることはできない。
4）Aの遺言がないため、相続人全員で遺産の分割について協議する必
要があるが、長男Dは未成年であり、未成年者は法律行為に当たる
遺産分割協議に参加することができないため、親権者BがDを代理
することになる。

解説と解答

1）不適切である。相続人は自己のために相続の開始があったことを知った時
から3カ月以内に相続について単純もしくは限定の承認または放棄をしな
ければならない（民法915条1項）。
2）不適切である。相続人が数人あるときは、限定承認は共同相続人の全員が
共同してのみこれをすることができる（民法923条）とされており、共同
相続人の1人が単独で行うことはできない。一方、相続の放棄については
単独で行うことが可能である（同法938条）。
3）適切である。代襲相続が発生する場合としては、相続開始以前の死亡、欠
格事由への該当、廃除の3ケースに限定されている（民法887条2項）。
4）不適切である。本件相続に係る遺産分割協議において、BがDの親権者と
してDを代理して遺産分割協議に参加することは利益相反行為に当たる
ので、Dについては家庭裁判所に特別代理人を選任してもらう（民法826
条1項）。

正解 3）

4 −16　預金の譲渡・質入れ①

《問》預金債権の譲渡・質入禁止特約に関する次の記述のうち、最も適切なものはどれか。

1) 金融機関が取り扱うすべての預金には、例外なく譲渡・質入禁止特約が付されている。
2) 譲渡・質入禁止特約が付されている預金について、預金者は債権譲渡や質権設定はいっさいできない。
3) 預金債権に譲渡・質入禁止特約が付されていることを知らずに譲渡を受けたと主張する譲受人に対して、金融機関はその譲渡契約の無効性をいっさい主張できない。
4) 預金者から預金債権を譲渡した旨の通知を受けた金融機関は、譲渡・質入禁止特約が付されている預金であれば、譲受人からの預金払戻請求を拒絶できる。

● 解説と解答 ●

1) 不適切である。金融機関が取り扱う預金の大半は、譲渡・質入禁止特約が付されているが、譲渡を前提とした預金商品である譲渡性預金（NCD）には特約は付されていない。

2) 不適切である。金融機関が譲渡や質入を承諾すれば可能である。なお、預金債権が有効に譲渡された場合、特約のない限り同時に利息債権も移転する。

3) 不適切である。一般に、譲渡制限の意思表示（譲渡・質入禁止特約）がなされた債権であっても、譲渡が可能とされているが（民法466条2項）、預貯金債権については特則が定められており、悪意または重過失のある譲受人に対しては、金融機関はその譲渡等の無効を主張できる（民法466条の5第1項）。

4) 適切である。なお、預金を差し押さえた債権者が転付命令を取得したときは、預金債権は債権者に移転し、譲渡・質入禁止の特約をもって対抗することはできない（民法466条の5第2項、466条の4）。

正解　4)

4-17 預金の譲渡・質入れ②

《問》預金債権の譲渡・質入れに関する次の記述のうち、最も適切なもの
はどれか。
1) 特定の債権を担保する質権について、当該被担保債権が完済された
場合は、金融機関は質入預金を預金者に払い戻すことができる。
2) 質入預金の弁済期が被担保債権の弁済期より前に到来したとして
も、質権者は第三債務者たる金融機関に対して、その弁済すべき金
額を供託させることはできない。
3) 預金債権に対する質権の効力は、当事者間で利息債権にも質権が及
ぶ旨の合意をしない限り、利息債権に質権は及ばない。
4) 有効に質権設定がなされた定期預金について、満期日が到来し同額
継続や元加継続によって書替を行う際には、改めて質権設定の具備
手続を行う必要がある。

・解説と解答・

1) 適切である。担保する特定債権が完済された場合には、質入預金は質権の
拘束を免れるので、預金者への払戻しが可能となる。ただし、根質権につ
いては、一時的に被担保債権がゼロとなっても質権の効力は失われないた
め、金融機関は質入預金を預金者へ払い戻すことはできない。
2) 不適切である。質入預金の弁済期が被担保債権の弁済期より前に到来した
ときは、質権者は第三債務者たる金融機関に対して、その弁済すべき金額
を供託させることができる（この場合において、質権は供託金のうえに存
在する）（民法366条3項）。
3) 不適切である。当事者間で異なる内容の合意をしない限り、利息等の従た
る債権にも質権の効力が及ぶとするのが通説である。
4) 不適切である。質入預金の書替については、新旧の定期預金の間に実質同
一性があると認められる場合には、新定期預金についてさらに質権設定の
手続がなされなくても、質権の効力は当然にこれに及ぶとするのが判例の
立場である（最判昭40.10.7）。

正解　1)

4-18　債権譲渡の対抗要件

《問》債権譲渡の対抗要件に関する次の記述のうち、最も不適切なものは
どれか。
1）債権の譲渡について、譲受人が当該債権の債務者に対抗するために
は、譲渡人から債務者に対する譲渡通知または債務者の譲渡承諾が
必要である。
2）債権について債務者が譲渡人から譲渡通知を受けても、通知を受け
るまでに譲渡人に対して反対債権との相殺が可能な状態であれば、
相殺の抗弁は譲受人に対しても主張できる。
3）債務者が、譲渡人に対する反対債権との相殺の抗弁を放棄して譲渡
を承諾した場合は、債務者は譲受人に対して相殺の抗弁は主張でき
ない。
4）預金債権について付された譲渡制限特約は、一般の債権の場合と同
じく相対的効力を有するにとどまり、預金債権の譲渡自体は有効と
される。

・解説と解答・

1）適切である（民法467条1項）。なお、譲受人が譲渡承諾を書面によって受
けていても、同書面に確定日付がないと債務者以外の第三者に対抗できな
い（同法同条2項）。
2）適切である（民法468条1項、469条1項）。
3）適切である。改正民法（債権関係）により、「異議をとどめない承諾」は
廃止され（民法468条1項）、具体的な抗弁の放棄に置き換えられた。
4）不適切である。預金債権の譲渡については特則が設けられ、譲渡・質入禁
止特約について悪意または重過失のある譲受人に対しては、預金債権の譲
渡の無効を主張できる（民法466条の5第1項）。そして、譲渡性預金のよ
うな特殊な預金を除き、通常の銀行預金は、譲渡・質入れ禁止となってお
り、そのことは銀行取引につき経験のある者には周知の事柄と解されてい
ることから（最判昭和48.7.19）、ほとんどの場合、金融機関は譲渡の無効
を主張することができる。

正解　4）

4-19　法的破綻した取引先との取引

《問》法的破綻した預金取引先（法人）との取引に関する次の記述のうち、最も不適切なものはどれか。

1）預金取引先に破産手続開始決定が出されると、預金の管理処分権は破産管財人に専属することになり、預金者（破産者）は金融機関に対して預金の払戻しを請求することはできない。

2）金融機関が会社更生手続開始決定の事実を知って預金取引先の会社に預金の払戻しをした場合、支払われた金銭が管財人に引き渡されているときは、金融機関はその金額の範囲で支払の効力を主張することができる。

3）取引先が民事再生の申立てを行った場合、取引先である預金者（債務者）は、業務財産の管理処分権をはく奪されるため、金融機関に対して預金の払戻しを請求することはできなくなる。

4）取引先の特別清算手続開始後は、代表権を有する清算人が取引の相手方となる。

・解説と解答・

1）適切である（破産法34条1項、78条1項）。

2）適切である（会社更生法57条2項、72条1項）。

3）不適切である。民事再生手続においては、申立てや手続開始決定によっても、債務者は業務遂行権および財産管理処分権を失わないのが原則である（民事再生法38条1項）。ただし、監督命令が出された場合には、裁判所の指定する一定の行為については監督委員の同意が必要となり（民事再生法54条1項、2項、4項）、保全管理命令または管理命令が出された場合には、業務遂行権・財産管理処分権は保全管理人または管財人に専属し、再生債務者はこれらの権利をはく奪されることになる（民事再生法79条、81条、66条）。

4）適切である。特別清算手続が開始されると、既に開始されていた清算手続における清算人が引き続き清算人となり（会社法482条1項）、特別清算会社の清算事務を執行するので（会社法523条）、預金取引の相手方は代表権を有する清算人となる。なお、清算人が複数いる場合、特に代表清算人が定められた場合以外、清算人各自が代表権を有している（会社法483条1項、2項）。

正解　3）

4 −20　取引先の破綻の種類

《問》取引先の破綻の種類に関する次の記述のうち、最も不適切なものは
　　どれか。
　1）裁判所の監督・関与のもとに倒産処理を行う手続を法的整理とい
　　　い、裁判所の関与なく、債権者と債務者との合意に基づく倒産処理
　　　を行う手続を私的整理という。
　2）法的整理のうち、破産と特別清算は、債務者の財産を清算すること
　　　を目的とし、会社更生と民事再生は、債務者の事業を再建すること
　　　を目的とする。
　3）会社更生、民事再生および特別清算は、株式会社のみを対象とする
　　　制度である。
　4）会社更生手続が開始された場合、取引先の財産に対して金融機関が
　　　担保権を有していても、担保権の実行は禁止される。

・解説と解答・

1）適切である。
2）適切である（破産法 1 条、会社法510条、民事再生法 1 条、会社更生法 1
　　条）。
3）不適切である。会社更生および特別清算は株式会社のみを対象とする制度
　　である（会社更生法 1 条、会社法510条）が、民事再生は法人（会社）を
　　対象とした民事再生のほか、個人を対象とした個人民事再生もある。
4）適切である。金融機関の有する担保権は、更生担保権としてその実行がで
　　きなくなり（会社更生法47条 1 項）、また、既に開始された担保権の実行
　　は中止される（同法50条 1 項）。なお、民事再生において、取引先の財産
　　に対して金融機関が担保権を有している場合、担保権は別除権として扱わ
　　れ、再生手続によらず権利行使することができるとされているので、担保
　　権者は再生手続の進行にかかわらず担保権実行が可能である（民事再生法
　　53条 1 項、 2 項）。

正解　3）

第5章

総合問題

5－1　総合口座取引①

=========== 設例 ===========

　甲銀行乙支店に来店した男性Aから、転勤に伴い勤務先が乙支店の近隣になったため、国債を購入したうえで、その国債を組み入れてA個人名義の総合口座を開設したいとの申出があった。

《問1》 Aの申出に対して、甲銀行の窓口担当者Bが回答した次の記述のうち、不適切なものをすべて選びなさい。

1）総合口座を開設する際は、「犯罪による収益の移転防止に関する法律」に基づき、お客さまのお取引時確認をさせていただきますが、このなかには、「お客さまの職業」や「取引を行う目的」の確認も含まれます。

2）運転免許証または国民健康保険証を持参されている場合、窓口でその原本を直接提示していただくことでお客さまの本人確認は終了します。

3）総合口座取引は、普通預金の口座開設が必須になり、国債等の保護預りのみでは開設できません。

《問2》 総合口座に関する次の文章の空欄①および②に入る最も適切な語句を、以下の語句群から選びなさい。

　Aは甲銀行で総合口座を開設し、総合口座当座貸越を利用するようになったが、後日、Aの信用状態が悪化したことから、甲銀行では、早期にAに対する貸越金200万円を回収することが必要になった。総合口座の貸越取引については、弁済期限が定められていないが、このような場合に備え、銀行取引約定における（　①　）条項に対応するものとして、総合口座規定では（　②　）の取扱いを定めており、甲銀行から請求することにより、Aは貸越元利金を支払わなければならなくなる。

〈語句群〉

イ．即時支払	ロ．期限の利益喪失	ハ．貸越の停止
ニ．貸越の解除	ホ．支払保証	ヘ．合意管轄
ト．過振り	チ．損害賠償	

・解説と解答・

《問 1 》
1 ）適切である（犯罪収益移転防止法 4 条 1 項 2 号、 3 号）。
2 ）不適切である。運転免許証は、窓口で原本を直接提示することによって本
　　人確認を行うことができるが、国民健康保険証は、それ 1 つでは足りず、
　　住民票の写し等、他の本人確認書類の原本と合わせて提示することで本人
　　確認を行うことになる（犯罪収益移転防止法施行規則 6 条 1 項 1 号ハ、 7
　　条 1 号ハ）。
3 ）適切である。

正解　 2 ）

《問 2 》
　一般に、総合口座取引には期間の制限がないから、取引先または金融機関か
ら解約の申出がない限り、貸越取引は継続する。また、貸越金についても弁済
の期限を定めていない。取引先の信用状態が悪化して貸越取引の継続が危険に
なった場合には、貸越金を早急に回収することが必要となる。このような場合
に備え、銀行取引約定における期限の利益喪失条項に対応するものとして、総
合口座取引規定は、即時支払の取扱いを定めている。これには、当然の即時支
払と金融機関からの請求による即時支払がある。当然の即時支払としては、①
支払の停止または破産、民事再生手続開始の申立てがあったとき、②相続の開
始があったとき、③貸越金利息の組入れにより極度額を超えたまま 6 カ月を経
過したとき、④取引先が行方不明となったとき、があり、金融機関からの請求
による即時支払としては、①金融機関に対する債務の 1 つでも返済が遅れてい
るとき、②その他債権の保全を必要とする相当の事由が生じたときがある。ま
た、即時支払事由があるとき、金融機関はいつでも貸越を中止し、または貸越
取引を解約することができると定められている（総合口座取引規定［即時支
払］、［解約等］（ 2 ））。

正解　①ロ．期限の利益喪失、②イ．即時支払

5－2　総合口座取引②

━━━━ 設例 ━━━━
　甲銀行乙支店に来店した権利能力なき社団であるNPO団体の代表者Aから、団体の財産として定期預金を預入れしたうえで、その定期預金を組み入れて団体名義で総合口座を開設したいとの申込みがあった。

《問1》Aの申出に対して、甲銀行の窓口担当者Bが回答した次の記述のうち、適切なものをすべて選びなさい。
1）総合口座は個人専用の金融商品であるため、権利能力なき社団として総合口座を開設することはできません。
2）権利能力なき社団として定期預金口座を開設することはできます。
3）金融機関に破綻等の保険事故が生じた場合、預金保険機構は名寄せを行いますが、権利能力なき社団の預金の取扱いは、構成員の預金等として、持分に応じて分割されたうえで、各構成員の他の預金等と合算されます。

《問2》総合口座に関する次の文章の空欄①および②に入る最も適切な語句を、以下の語句群から選びなさい。
　甲銀行に総合口座取引先Cの相続人Dが来店し、Cについて相続が開始され、相続人はCの子どもであるDとEであるとの届出を行った。総合口座取引で普通預金と貸越金との間で自動的に振替が行われるのは、（　①　）契約によるものであり、それは当事者の死亡によって終了するから、総合口座取引は取引先の死亡によって終了するものとされている。このため、金融機関は、普通預金や定期預金等を一般の相続手続により相続人に払い戻すことになるが、貸越元利金があるときは、（　②　）債務として全相続人が相続分に応じて相続することになり、金融機関は各相続人に対し、その相続分に応じた支払を請求することになる。なお、担保定期預金等があるので、差引計算によって回収することもできる。

〈語句群〉
イ．普通預金　　ロ．当座勘定　　ハ．委任
ニ．連帯　　　　ホ．分割　　　　ヘ．保証

・解説と解答・

《問 1 》

1 ）適切である。権利能力なき社団については、社団としての実体が存在していることから、できるだけ社団法人と同様の取扱いをすることになる。そのため、個人しか開設できない総合口座を開設することはできない。

2 ）適切である。権利能力なき社団とは、法人格はないが社団としての実体を備えているものをいい、銀行取引上は取引主体となることができ、自らの名義で普通預金口座や定期預金口座を開設し預入れすることもできる。

3 ）不適切である。権利能力なき社団の財産は、構成員に総有的に帰属するものであり、構成員は、当然に共有持分権または分割請求権を有するものではないため、1 社団・財団を 1 預金者として取り扱う。

正解　1 ）、2 ）

《問 2 》

　総合口座取引において、普通預金と貸越金との間で自動的に振替が行われるのは、委任契約によるものであり（総合口座取引規定［当座貸越］（1 ）・（3 ））、その委任契約は当事者の死亡によって終了するから（民法653条 1 号）、総合口座取引は取引先の死亡によって終了する。また、相続の開始は即時支払事由でもある（総合口座取引規定［即時支払］（1 ）②）。金融機関は、普通預金や定期預金等を一般の相続手続により相続人に払い戻すことになるが、貸越元利金があるときは、分割債務として全相続人が法定相続分に応じて相続することになり、金融機関は各相続人に対しその法定相続分に応じた支払を請求することになる。なお、担保定期預金等があるので、差引計算によって回収することもできる。

正解　①ハ．委任、②ホ．分割

5－3　盗難カード被害①

── 設例 ──

個人預金者Aは、自宅で盗取されたキャッシュカードを不正に使用され、甲銀行に預入れしていた普通預金をATMで払い戻されるという被害に遭った。このため、その被害を補填してもらうため、甲銀行の窓口に出向いて、払戻し相当額の補填の申出を行った。

《問1》Aが甲銀行から損害の補填を受けるために必要とされる手続に関する次の文章の空欄①および②に入る最も適切な語句を、以下の語句群から選びなさい。なお、盗難カードによる不正払戻しについて、甲銀行は善意かつ無過失であるものとする。

（　①　）によって、盗難カードを用いて行われるATMからの不正な預金払戻しは保護され、個人の預金者は不正払戻し額に相当する金額の補償を受けられることになったが、暗証番号を他人に知らせた場合や、暗証番号をキャッシュカードに記載していた場合など、Aに重過失がある場合は、補償を受けることができず、また金融機関の再三の求めに関わらず、生年月日など他人に推測されやすい暗証番号を使い続け、かつ暗証番号を推測できる書類とカードを一緒に保管をしていた場合など、（　②　）がある場合は、補償額は損害額の4分の3に減額されることとなっている。

──〈語句群〉──
イ．預金者保護法　　　ロ．預金保険制度　　　ハ．消費者契約法
ニ．犯罪収益移転防止法　　ホ．故意　　　　　ヘ．悪意
ト．過失

《問2》Aが甲銀行から補償を受けるために必要な手続等に関する次の記述のうち、不適切なものをすべて選びなさい。

1）原則として、Aが甲銀行に対して通知を行った日より20日前の日より前に払い戻された金額については、補填の対象とならない。

2）Aは、甲銀行の求めに応じて、遅滞なく、その盗取が行われるに至った事情その他のその盗取に関する状況に基づき犯罪の成立を証

　明しなければならない。
　3 ）Aは、甲銀行に対し、捜査機関に対してその盗取に係る届出を提出
　　　していることを申出なければならない。

・解説と解答・

《問 1 》

　預金者保護法（偽造カード等及び盗難カード等を用いて行われる不正な機械式預貯金払戻し等からの預貯金者の保護等に関する法律）に基づき、個人預金者は偽造カードや盗難カードを用いて行われたＡＴＭからの不正な預金払戻しの額に相当する金額の補償を受けられることになったが、金融機関が善意・無過失で、預金者が暗証番号を他人に知らせた場合や、暗証番号をキャッシュカードに記載していた場合およびカードを他人に渡した場合など、預金者に重過失がある場合は補償を受けることができず、また、金融機関の再三の求めに関わらず、生年月日など他人に推測されやすい暗証番号を使い続け、かつ、暗証番号を推測できる書類とカードを一緒に保管をしていた場合など、過失（重過失を除く）がある場合は、補償額は損害額の 4 分の 3 に減額されることとなっている。なお、預金者の過失等を証明するのは金融機関とされている。

正解　①イ．預金者保護法、②ト．過失

《問 2 》

　1 ）不適切である。金融機関へ通知を行った日より30日前の日より前に払い戻された金額については、原則として、補填の対象とはならない（預金者保護法 5 条 6 項）。
　2 ）不適切である。預金者は、金融機関に対し、遅滞なく、その盗取が行われるに至った事情その他の当該盗取に関する状況について十分な説明を行えばよく、犯罪の成立証明までは求められていない（預金者保護法 5 条 1 項 2 号）。
　3 ）適切である（預金者保護法 5 条 1 項 3 号）。

正解　1 ）、2 ）

5 - 4　盗難カード被害②

―――設例―――

　個人預金者Aは、旅行中に空き巣に入られ、総合口座の預金通帳および届出印を盗取され、貸越限度上限まで不正払戻しされるという被害に遭った。そのため、その被害額を補てんしてもらうため、甲銀行に預金通帳および届出印が盗取された旨を申し出るとともに、損害額の補てんを求めた。

《問1》盗難通帳やインターネット・バンキングによる預金等の不正な払戻しについて、金融業界として「預金等の不正な払戻しへの対応」について申合せをしているが、当該申合せのうち、預金者の「重大な過失または過失となりうる場合」に関する次の文章の空欄①および②に入る最も適切な語句を、以下の語句群から選びなさい。

　「預金者の重大な過失となりうる場合とは、「故意」と同視しうる程度に注意義務に著しく違反する場合であり、その事例は、(a)預金者が他人に通帳を渡した場合、(b)預金者が他人に記入・押印済みの払戻請求書、（　①　）を渡した場合、(c)その他預金者に(a)および(b)の場合と同程度の著しい注意義務違反があると認められる場合である。また、預金者の過失となりうる場合の事例は、(d)通帳を他人の目につきやすい場所に放置するなど、第三者に容易に奪われる状態に置いた場合、(e)届出印の印影が押印された払戻請求書、（①）を通帳とともに保管していた場合、(f)（　②　）を通帳とともに保管していた場合、(g)その他本人に(d)から(f)の場合と同程度の注意義務違反があると認められる場合である」

〈語句群〉
イ．印鑑証明書　　ロ．本人確認書類　　ハ．諸届
ニ．印章　　　　　ホ．角印　　　　　　ヘ．認印

《問2》Aに対する損害の補塡に関する次の記述のうち、適切なものをすべて選びなさい。
1) 甲銀行が、その払戻しがAの配偶者、二親等内の親族、同居親族そ

　　　　の他の同居人、または家事使用人によって行われたことを証明した
　　　　ときは、補填額は、補填対象額の4分の1に減額される。
　2）その払戻しが盗取されたキャッシュカードではなく、Aの紛失した
　　　　キャッシュカードを取得した者によって行われたものである場合、
　　　　金融機関は被害金額について補償の義務を負わない。
　3）Aからの銀行への通知が、通帳が盗取された日から2年を経過する
　　　　日後に行われた場合は、甲銀行は補填する義務はない。

・解説と解答・

《問1》
　全国銀行協会等は2008年、「偽造カード等及び盗難カード等を用いて行われ
る不正な機械式預貯金払戻し等からの預貯金者の保護等に関する法律（預金者
保護法）」の趣旨を踏まえ、盗難通帳やインターネット・バンキングによる預
金等の不正な払戻しへの対応について申合せを行い、「重大な過失または過失
となりうる場合」を公表した。

正解　①ハ．諸届、②ニ．印章

《問2》
1）不適切である。金融機関がその払戻しについて、預金者の配偶者、二親等
　　　内の親族、同居親族その他の同居人、または家事使用人によって行われた
　　　ことを証明したときは、補填義務はない（全国銀行協会「普通預金規定
　　　（個人用）〔参考例〕」9）。なお、盗難通帳による不正払戻し被害補償の法
　　　的な位置付けは、盗難キャッシュカードの場合の補填請求権が預金者保護
　　　法に基づき発生する法的な権利であるのと異なり、当事者間の契約に基づ
　　　く補填請求権であるとされる。
2）適切である。盗難カードに該当せず、預金者保護法は適用されない。
3）適切である。金融機関への通知が、通帳が盗取された日から2年を経過す
　　　る日後に行われた場合は、金融機関は補填する義務はない。

正解　2）、3）

5－5 手形の裏書

設例

　X銀行乙支店では、下記ケース①、②の手形の特殊な裏書についての勉強会を行った。

（ケース①）				（ケース②）			
裏書人		甲		裏書人		甲	
（目的）				（目的）裏書禁止			
被裏書人	乙		殿	被裏書人	乙		殿
裏書人		乙		裏書人		乙	
（目的）無担保				（目的）			
被裏書人	甲		殿	被裏書人			殿
裏書人		甲		裏書人		丙	
（目的）				（目的）			
被裏書人			殿	被裏書人			殿
裏書人		丙		裏書人		丁	
（目的）				（目的）			
被裏書人			殿	被裏書人			殿
表記金額を受け取りました				表記金額を受け取りました			

《問１》ケース①、②の手形の裏書に関する次の記述のうち、最も適切な
　　　ものを選びなさい。
1) ①の第二裏書人「乙」は、以後の被裏書人すべてに対する担保責任
　　を負わない。
2) ①の第二裏書人「乙」は、「丙」に対する担保責任は負うが、「甲」
　　に対して担保責任を負わない。②の第一裏書人「甲」は、「乙」に
　　対する担保責任は負うが、「丙」と「丁」に対して担保責任を負わ
　　ない。
3) ②は、甲によって裏書が禁止されているので、丙、丁の裏書は無効
　　となる。

《問２》戻裏書に関する次の文章の空欄①および②に入る最も適切な語句
　　　の組合せを選びなさい。

　手形の戻裏書とは、（　①　）のことである。戻裏書により手形を取
得した者は、（　②　）。

1) ①振出人や裏書人など、既に手形上の債務者である者に対してなさ
　　れた裏書
　　②手形の満期前であれば、さらに裏書を継続することができる
2) ①裏書人が前者に対してなされた裏書
　　②手形の満期前であれば、さらに裏書を継続することができる
3) ①振出人や裏書人など、既に手形上の債務者である者に対してなさ
　　れた裏書
　　②裏書を継続することができない
4) ①裏書人が前者に対してなされた裏書
　　②裏書を継続することができない

・解説と解答・

《問１》
1) 適切である（手形法15条１項、２項）。
2) 不適切である。②の説明は正しいが、①の説明が誤りである。正しくは、

①の第二裏書人「乙」は、無担保裏書を行っているので、その後の手形取得者すべてに対する担保責任を負わない（手形法15条1項、2項）。

3）不適切である。「裏書禁止裏書」は、その後の裏書を禁止するものではなく、その直接の被裏書人に対してのみ担保責任を負い、その後の手形取得者に対しては、担保責任を負わないとされている（手形法15条2項）。

<u>正解　1）</u>

《問2》

戻裏書とは、既に手形・小切手上の債務者である者に対してなされた裏書のことである。約束手形の振出人や為替手形の引受人に戻裏書がなされたときは、その者は、手形の満期前であればさらに裏書を継続してこれを他に譲渡できるが、満期以後は混同により手形債権が消滅するので、裏書を継続できないと判例は考えている（大判昭6.12.23）。これ以外の者が戻裏書により取得した場合は、常にさらに裏書を継続することができる。

<u>正解　1）①振出人や裏書人など、既に手形上の債務者である者に対してなされた裏書、②手形の満期前であれば、さらに裏書を継続することができる</u>

5 － 6　白地手形・白地小切手

設例

　甲銀行乙支店の窓口担当者Aは、顔なじみのX社経理担当のYから手形・小切手の入金依頼を受け付けた。いつものように内容点検をしていると、振出日が未記入の小切手2枚と受取人が未記入の約束手形1枚があることに気付いたが、その他の要件については問題がないことを確認して、そのまま入金手続を進めた。Aは、振出日や手形の受取人が未記入の場合、それを事由とする形式不備では不渡にはならないことを承知しているが、この機会に白地手形、白地小切手について詳しく調べることにした。

《問1》 白地手形、白地小切手に関する次の記述のうち、適切なものをすべて選びなさい。

1 ）手形・小切手の署名は、必ず戸籍上の本名や登記された商号によらなければならない。

2 ）手形の白地部分を受取人に補充させる権利を「白地補充権」という。

3 ）小切手や確定日払手形の振出日や手形の受取人が未記入の場合は、それを事由に形式不備による不渡にはならないが、万一、資金不足等の事由で不渡返還された場合には、遡求権を行使することはできない。

4 ）振出人の署名があれば、他の必要的記載事項がすべて空欄であっても白地手形として成立する。

《問2》 白地手形（約束手形）に関する次の文章の空欄①および②に入る最も適切な数値と語句の組合せを選びなさい。

　白地手形となるために最低限必要な記載事項として、（　①　）人以上の手形行為者の署名があることが必要である。また、当該手形について、その白地部分が不当に補充された場合でも、振出人は（　②　）のない所持人に対して、その不当補充であることを対抗することができない。

　1）①1
　　　②悪意
　2）①2
　　　②悪意
　3）①1
　　　②悪意または重過失
　4）①2
　　　②悪意または過失

・解説と解答・

《問1》
1）不適切である。手形・小切手の署名は、必ずしも戸籍上の本名や登記された商号に限らず、本人を示すものと認められる名称によればよいとされている。
2）適切である。
3）適切である。遡求権は、手形・小切手の所持人が定められた呈示期間内に適法な支払呈示をした場合に限ってその権利が確保される。白地のままの呈示は適法なものとはならない。
4）適切である。

正解　2）、3）、4）

《問2》
　白地手形、白地小切手とは、手形・小切手要件の全部または一部が欠けた手形・小切手に1人以上の手形行為者が署名した未完成の手形・小切手をいう。要件を補充して完成した手形・小切手とする権利を補充権といい、白地手形・白地小切手が譲渡されたときは、それに伴い新所持人が補充権を取得する。そして、その補充権が濫用されて、白地の内容についての当初の合意と異なる補充がなされた場合でも、その補充権の濫用を知らないまたは知らないことについて重過失のない所持人に対しては、（約束手形の）振出人は対抗できない（手形法10条、77条2項）。小切手の場合も同様である（小切手法13条）。

正解　3）①1、②悪意または重過失

5－7　線引小切手

==== 設例 ====

　甲銀行乙支店は、一見の客Aから、取引先Bが振り出した持参人払式一般線引小切手の店頭呈示を受けた。この小切手の裏面には振出人Bの届出印が押捺されていたので、Aに対して現金支払をした。ところが、後日、この小切手は、Bから交付を受けたCが紛失したものであることが判明した。

《問1》本設例に関する次の記述のうち、最も適切なものを選びなさい。
　1）甲銀行は、Aへの小切手の支払行為について、Bに対する関係では損害賠償責任は生じないものの、Cに対しては小切手金額を上限とする損害賠償責任が生じる。
　2）裏判により、振出人の線引抹消の意思が確認できるので、持参人であるAへの支払は法的に有効である。
　3）線引規定に違反した小切手の支払は無効であるから、甲銀行はBに対して小切手金額の支払をしなければならない。

《問2》線引小切手に関する次の記述のうち、適切なものをすべて選びなさい。
　1）一般線引小切手の場合、支払金融機関は、自己の取引先または他の金融機関に対してのみ支払をすることができる。
　2）一般線引小切手の所持人が支払金融機関と取引がない場合、必ず自己の取引金融機関に取立を依頼しなければならない。
　3）線引した小切手については、その線引を変更することはできない。
　4）一般線引小切手が呈示された場合、その裏面に届出印の押捺（または届出の署名）があるときは、持参人に支払うことができる。

・解説と解答・

《問1》
1）適切である。線引規定に違反して支払った金融機関は、正当な所持人に対して小切手金額の限度内で損害賠償責任を負うことがある（小切手法38条

5 項、当座勘定規定［線引小切手の取扱い］①、②）。

2）不適切である。裏判には、線引の効力を排除する効果があるが、線引自体の抹消の効果はない。また、裏判は、その押捺をした振出人との関係では、線引の効力を排除するという効力を有しているものの、それ以外の者については、その効力は及ばない。

3）不適切である。線引規定に違反して支払われた場合でも、支払そのものが無効とはならない。裏判がある場合には、支払人が振出人に対する損害賠償義務は負わないものの、たとえばC等のそれ以外の者に対しては損害賠償義務を負うことになる。

正解　1）

《問2》

1）適切である。一般線引小切手にすると、支払金融機関は自己と取引のある者、あるいは他の金融機関に対してでなければ支払うことができない（小切手法38条）。また、金融機関は、自己の取引先や他の金融機関以外の者から線引小切手を取得することができず、その取立の委任を受けることもできない。

2）適切である。

3）不適切である。特定線引を一般線引に変更することは認められていないが、一般線引を特定線引に変更することはできる（小切手法37条4項）。なお、被指定金融機関の名称の抹消や線引自体の抹消も認められていない（小切手法37条5項）。

4）適切である。当座勘定規定［線引小切手の取扱い］により、振出人の裏判があるときは、その持参人に支払うことができるものとしている。

正解　1）、2）、4）

5 － 8　先日付小切手

=========== 設例 ===========

　個人事業主Aの当座預金について、本日（15日）の交換呈示分が資金不足で未決済のままのため、甲銀行乙支店の窓口担当者Bは、入金予定を確認するため電話連絡をした。Aから「今日は、資金不足になるはずはないので入金の予定はない。どの小切手が回ってきたのか教えてほしい」と言われ、小切手3枚の明細を伝えると、その中に今月末日が振出日のものが1枚あった。Bは、Aに先日付小切手が振出日前に呈示されたときは、支払わなければならないことを説明したが、Aは、「その小切手は、今月末支払の約束で一昨日振り出したものなので、約束違反を理由に返却してほしい」と、どうしても納得しなかった。

《問1》先日付小切手に関する次の記述のうち、不適切なものをすべて選びなさい。

1 ）先日付小切手は、振出日より前に呈示を受ければ、そのときに支払うこととされている。

2 ）振出日前に支払呈示をしない旨の特約を小切手に記載しても、小切手法上は無効である。

3 ）振出日前に呈示された場合には、適法な呈示ではないので、呈示されたときに支払資金がなくても不渡処分の対象とはならない。

《問2》不渡事由の重複に関する次の文章の空欄①および②に入る最も適切な語句の組合せを選びなさい。

　第1号不渡事由と第2号不渡事由とが重複する場合は、第1号不渡事由が優先し、第1号不渡情報登録による。ただし、第1号不渡事由と（　①　）とが重複する場合は、（　②　）。

1 ）①偽造または変造
　　②第2号不渡情報登録による

2 ）①詐欺
　　②0号不渡事由が優先し、不渡情報登録を要しない

3 ）①紛失

②0号不渡事由が優先し、不渡情報登録を要しない
4）①印鑑相違
②第2号不渡情報登録による

・解説と解答・

《問1》
1）適切である（小切手法28条2項）。
2）適切である。小切手法では、支払証券である小切手は常に一覧払いのものとして、これに反するいっさいの記載は、記載のないものとみなされる（小切手法28条1、2項）。
3）不適切である。先日付小切手を記載された振出日より前に支払呈示することは、適法な呈示であるから、決済資金があれば「契約不履行」の第2号不渡事由の異議申立をすることもできるが、資金不足のままでは第1号不渡事由の「資金不足」が優先され、不渡処分の対象となる。

正解　3）

《問2》
不渡事由が重複する場合は次による（電子交換所規則施行細則33条）。
1）0号不渡事由と第1号不渡事由または第2号不渡事由とが重複する場合は、0号不渡事由が優先し、不渡情報登録の提出を要しない。
2）第1号不渡事由と第2号不渡事由とが重複する場合は、第1号不渡事由が優先し、第1号不渡情報登録による。ただし、第1号不渡事由と偽造または変造とが重複する場合は、第2号不渡情報登録による。

正解　1）①偽造または変造、②第2号不渡情報登録による

5 - 9　電子記録債権①

―――― 設例 ――――

　甲銀行乙支店では、若手行員から電子記録債権の仕組みがよく分からないという声があがったのを機に、電子記録債権について勉強会を行うこととした。

《問1》電子記録債権に関する次の記述のうち、適切なものをすべて選びなさい。
1 ）電子記録債権は、手形債権と異なる特質を有する金銭債権であり、電子記録債権制度は、従来の手形制度のデメリットを解消し、事業者の資金調達の円滑化等を図ろうとするものである。
2 ）電子記録債権は、差押えの対象となる。
3 ）電子記録債権は、分割して譲渡することや割引することができない。

《問2》全国銀行協会が設立した全銀電子債権ネットワーク（以下、「でんさいネット」という）に関する次の文章の空欄①および②に入る最も適切な語句の組合せを選びなさい。

　でんさいネットは、利用者 − 窓口金融機関 − でんさいネットの三者間で「利用契約」を締結することにより、利用することができる。窓口金融機関を通じてでんさいネットの「（　①　）原簿」に「発生（①）」を行うことで、「でんさい」が発生し、でんさいネットの「（①）原簿」に「譲渡（①）」を行うことで、「でんさい」を譲渡することができる。支払期日になると、自動的に支払企業の口座から資金を引落し、納入企業の口座へ払込みが行われる。でんさいネットは支払が完了すると「支払等（①）」を行い、これにより決済が完了する。納入企業は、（　②　）から資金を利用することができる。

1 ）①記録　②支払期日当日
2 ）①記録　②支払期日翌日
3 ）①通知　②支払期日当日
4 ）①通知　②支払期日翌日

● 解説と解答 ●

《問1》

1） 適切である。

2） 適切である（電子記録債権法49条1項）。

3） 不適切である。分割して譲渡や割引することができる（電子記録債権法43条）。

正解　1）、2）

《問2》

正解　1）①記録、②支払期日当日

（参考）でんさいの譲渡

　でんさいを譲渡する場合のフローは、①債権者（譲渡人）は、窓口金融機関を通じて譲渡記録請求を行う（なお、でんさいの譲渡記録には原則として保証記録が随伴する）、②でんさいネットは、①の請求を受け、譲渡記録を行い（でんさいの譲渡）、譲受人の窓口金融機関を通じて、譲渡記録を行った旨を譲受人に通知する、となる。

　民法上、指名債権（売掛債権等）を譲渡することが認められているが、指名債権は、当事者の合意さえあれば譲渡が可能であるため、二重譲渡のリスクがある。しかし、電子記録債権は、電子記録をすることをその発生や譲渡の要件としており、当事者間の合意のみでは譲渡はできないため、二重譲渡のリスクが排除されている。

　また、一部のみを譲渡することができない手形とは異なり、電子記録債権の一部を分割して、その一部を譲渡することが可能である。

5-10　電子記録債権②

=設例=

　甲銀行乙支店では、若手行員から電子記録債権の仕組みがよく分からないという声があがったのを機に、電子記録債権について勉強会を行うこととした。

《問1》電子記録債権に関する次の記述のうち、適切なものをすべて選びなさい。
1）電子記録債権には、二重譲渡のリスクがない。
2）電子記録債権においては、将来債権の譲渡をすることができる。
3）電子記録債権の税法上のメリットとして、手形と異なり、印紙税は課されない。また登録免許税も課されない。

《問2》全国銀行協会が設立した全銀電子債権ネットワーク（以下、「でんさいネット」という）に関する次の記述のうち、最も不適切なものはどれか。
1）でんさいネットの特徴として、全国銀行協会に加盟する都市銀行、信託銀行、地方銀行、第二地方銀行のみならず、信用金庫、信用組合および農協系統金融機関等がでんさいネットの業務委託を受けて参加する全銀行参加型のスキームとなっており、全国規模での流通が可能となっている。
2）でんさいネットでは、でんさいの譲渡を禁止することおよび譲渡回数を制限することができる。
3）でんさいネットで利用可能な決済口座は、利用者本人名義の当座預金口座もしくは当座貯金口座、または普通預金口座もしくは普通貯金口座となっている。
4）発生記録が可能なでんさいの債権金額は、1円以上100億円未満で、通貨は日本円に限られる。

・解説と解答・

《問1》

1）適切である。電子記録債権は、記録以外の方法で譲渡することができない
ため、二重譲渡のリスクがない（電子記録債権法17条）。

2）不適切である。記録を効力要件とする電子記録債権は、記録が行われてい
ない未発生の電子記録債権については存在しないことになるため、将来債
権を譲渡することはできない（電子記録債権法15条）。

3）適切である。

正解 1）、3）

《問2》

1）適切である。

2）不適切である。法律の規定では、記録機関の判断で電子記録債権の譲渡・
分割・保証に回数制限を設けることが可能であるとしているが、でんさい
ネットでは、でんさいネットのルールとして、電子記録債権の譲渡・分
割・保証に回数制限は設けないこととしている（でんさいネット業務規程
30条2項）。

3）適切である。ただし、金融機関によっては当座預金（貯金）口座に限定さ
れる場合もある。

4）適切である。でんさいネットの債権金額は、1円以上100億円未満であり、
債権金額を日本円以外の通貨とする記録は取扱いできない。

正解 2）

5-11　総合口座組入れ定期預金の差押え①

――― 設例 ―――

　個人取引先Ａの総合口座の貸越残高が50万円のところ、甲銀行乙支店はＡの総合口座に預入れされている下記の定期預金のうち、（1）の全額について、Ａの債権者を差押債権者とする裁判所からの債権額50万円の差押命令の送達を受けた。なお、甲銀行の総合口座取引規定では、定期預金を担保とする貸越取引の極度額は200万円を上限とし、定期預金の担保掛目は90％（1,000円未満切捨て）とされている。

定期預金	預入日	満期日	適用利率（％）	金額（円）
（1）	2023.4.1	2024.4.1	0.02％	500,000
（2）	2023.5.15	2024.5.15	0.02％	300,000
（3）	2023.5.15	2023.11.15	0.01％	300,000

《問1》総合口座の担保等に関する次の記述のうち、適切なものをすべて選びなさい。
1）差押えを受けた定期預金は担保から外して、残った定期預金で極度額を再計算する。
2）預金額の一部について差押えを受けた定期預金は、その預金額から差押金額を差し引いた残額について担保に加えることができる。
3）定期預金が複数あるときは、貸越利率の低いものから順に担保に充当する。
4）貸越利率が同一の定期預金が複数あるときは、預入日の早いものから順に担保に充当する。
5）追加で定期預金を預け入れた場合や、既存の定期預金を書き替えた場合は、預入日または書替日の早いものから順に担保に充当する。

《問2》個人取引先Ａについて、預金債権の差押後の新たな貸越極度額として、最も適切なものを選びなさい。
1）9万円
2）54万円

3）72万円

4）99万円

・解説と解答・

《問1》

1）適切である（総合口座取引規定［貸越金の担保］（3）①）。

2）不適切である。預金額の一部でも差押えを受けた定期預金については、すべて担保から外すものとされている（総合口座取引規定［貸越金の担保］（3）①）。

3）適切である（総合口座取引規定［貸越金の担保］（2））。

4）適切である（総合口座取引規定［貸越金の担保］（2）②）。

5）不適切である。追加で預け入れられた定期預金や、既存の定期預金から書き替えた定期預金についても、利率の低いものから、また、利率が同一であれば預入日が早いものから担保に充当する（総合口座取引規定［貸越金の担保］（2）①、②）。

<u>正解　1）、3）、4）</u>

《問2》

定期預金（2）と（3）の合計額60万円の90％に相当する54万円となる。

<u>正解　2）54万円</u>

5－12　総合口座組入れ定期預金の差押え②

=== 設例 ===

　個人取引先Ａの総合口座の貸越残高が60万円のところ、甲銀行乙支店はＡの総合口座に預入れされている下記の定期預金すべてについて、Ａの債権者を差押債権者とする裁判所からの債権額100万円の差押命令の送達を受けた。なお、甲銀行の総合口座取引規定では、定期預金を担保とする貸越取引の極度額は200万円を上限とし、定期預金の担保掛目は90％（1,000円未満切捨て）とされている。

定期預金	預入日	満期日	適用利率（％）	金額（円）
（1）	2023.4.1	2024.4.1	0.02％	500,000
（2）	2023.5.15	2023.11.15	0.01％	300,000
（3）	2023.6.15	2023.12.15	0.01％	300,000

《問1》甲銀行が行うことができる債権保全または回収措置に関する次の記述のうち、適切なものをすべて選びなさい。
1）無担保状態で極度額が0となっているので、新たな定期預金を担保として組み入れるか、貸越元利金の返済をするかＡに対して求めることができる。
2）Ａに貸越元利金の請求を行っても弁済されない場合は、貸越取引を解約して貸越元利金を直ちに支払うよう求めることができる。
3）総合口座取引規定に定める払戻充当をすることで貸越元利金の回収ができる。
4）Ａに対して相殺通知を行って相殺することで貸越元利金の回収ができる。
5）甲銀行が定期預金に設定している質権を実行することで貸越元利金の回収ができる。

《問2》個人取引先Ａについて、新たな貸越極度額を設定するために必要な定期預金の預金額として、最も適切なものを選びなさい。
1）50万円

2）57万円
3）60万円
4）67万円

解説と解答

《問1》

1）適切である。追加担保を求めることは当然可能であり、また総合口座取引
規定［貸越金利息等］（1）②により、取引先は、金融機関からの請求が
あり次第、直ちに超過額を支払わなければならない。
2）適切である。取引先が超過額を支払わないときは、金融機関に対する債務
の1つでも返済が遅れているときに該当するので、金融機関の請求による
即時支払事由となり、貸越取引を解約することができる（総合口座取引規
定［即時支払］（2）①）。
3）不適切である。払戻充当は、預金者の委任に基づき金融機関が預金の払戻
しを受け、それを自己の債務の弁済に充てるものであって、実質的には任
意弁済であり、差押えられた定期預金について行うことはできない。した
がって相殺により回収することになる（総合口座取引規定［差引計算等］
（1）①）。
4）適切である。定期預金への差押えによって貸越金の期限の利益が失われ、
取引先が履行遅滞の状況にあるので、金融機関は定期預金の期限の利益を
放棄して、取引先に対し、相殺通知を行って、貸越金と定期預金を相殺す
ることができる（総合口座取引規定［差引計算等］（1）①、民法511条1
項）。
5）不適切である。定期預金に質権は設定しているが、第三者に対する対抗要
件（確定日付）を具備していないので、差押債権者に質権をもって対抗す
ることができない（民法364条、467条2項）。

正解　1）、2）、4）

《問2》

現在の貸越残高60万円をカバーするためには、67万円以上（60万円÷90％≒
67万円）を新たに預入れしてもらう必要がある。

正解　4）67万円

5 −13　差押えの競合・供託義務①

──────── 設例 ────────

　X年5月20日を満期日とする甲銀行の取引先Aの定期預金について、Aの債権者Bの申立てによる差押命令が裁判所からX年4月15日に送達された。その後、X年4月24日にBが来店し、裁判所発行の送達証明書（債務者に対する送達日X年4月17日）を添えて、差押預金の支払を求めてきた。なお、本件差押命令に係るBの請求債権額は、Aの定期預金を上回る金額であった。

《問1》上記設例に基づく次の記述のうち、適切なものをすべて選びなさい。

1）差押命令が差押債務者（預金者）に送達された日から1週間を経過しており、差押えの競合がないことや、執行抗告に伴う執行停止決定通知書等を受理していないことが確認できたこと、また、定期預金の満期日前支払についてAの同意が得られたので、甲銀行は当日の支払に応じることとした。

2）差押命令の効力は、第三債務者である甲銀行に送達された時に生じるので、甲銀行はAに対する定期預金の支払を禁止される。

3）定期預金に対する差押命令の効力は、差押命令に利息に関する記載がない限り、差押命令送達日までに生じた利息には及ばない。

《問2》差押命令受理時の手続に関する次の文章の空欄①〜④に入る最も適切な語句の組合せを選びなさい。

　預金に対する差押命令が送達された際の金融機関の処理手順は、（　①　）→（　②　）→（　③　）→（　④　）となる。

1）①命令書の受理日時の記録
　　②命令書の記載事項の確認
　　③差押えの対象となる預金の特定
　　④支払停止措置

2）①差押えの対象となる預金の特定
　　②関係部署への連絡

③預金者本人への連絡
④支払停止措置
3）①差押えの対象となる預金の特定
②預金者本人への連絡
③関係部署への連絡
④支払停止措置

・解説と解答・

《問1》
1）不適切である。差押命令が第三債務者に送達された時に当該預金の弁済禁止等の効力が生じ（民事執行法145条5項）、債務者（預金者）への送達日から1週間を経過したとき差押債権者は取立権を行使できる（民事執行法155条1項）。本事例では、4月17日に債務者であるAが受理しており、その翌日起算で1週間（4月24日）が経過した4月25日以降に取立権を取得する（民法140条）。
2）適切である（民事執行法145条1項、4項）。
3）適切である。既発生の利息債権が差押命令に差押えの対象として表示されていない限り、差押命令の効力発生当時既に発生している利息債権については債務者（預金者）に、差押え時以降に発生する利息債権については差押債権者に支払わなければならない。

正解　2）、3）

《問2》
差押命令の送達を受けたときは、以下の手順で処理手続を進める。
① 命令書の受理日時の記録：預金に対する差押命令は、第三債務者である金融機関に命令が送達されると効力が生じる（民事執行法145条5項）。そのため、法律関係を明確にするためにも、命令の効力発生を示す受理年月日、時刻を受信簿のほか、命令書や封筒にも正確に記録しておく。
② 命令書の内容点検：命令書を一読し、以下を確認する。
　㋐ 命令書は自金融機関（自店）に送達されるべきものに相違ないか：命令書の当事者目録として債権者名・債務者名とともに第三債務者として自金融機関名・住所・代表者ならびに送達場所（店名・住所）が正確に記載されているかどうかを確認する。なお、住所等の記載が不正確であっても命令書全般から判断して自店の預金が差し押さえられたと考えられる場合に

は、実務上は有効な差押えとして取り扱う。
⑦　命令書のなかに誤字・脱字はないか：命令書のなかに、違算・書き損じ、その他これに類する明白な誤謬がある場合には、申立または執行裁判所の職権により更正される（民事執行法20条、民事訴訟法257条）ので、差押命令を受けた場合には、預金者名・金融機関名・支店名・住所等に誤字、書き損じがあっても有効な差押えとして処理し、執行裁判所に連絡のうえ、原則として更正決定の手続を受ける。更正決定がなされるとその効力は命令がなされたときに遡って発生する（大判昭15.6.28）。
⑨　催告書も送付されていないか：差押債権者の申立てにより裁判所は、金融機関に差押預金の存否などについて陳述を求める催告書（陳述命令）を発することができる。催告を受けた金融機関は、差押命令送達の日から2週間以内に回答する義務を負い、回答を怠ったり、不実の陳述をしたことにより、債権者に損害が発生した場合には、損害賠償の責任が生じる（民事執行法147条1項、2項）。
③　預金の特定：差押債権の表示は、差し押さえられる預金が客観的に他の預金と区別され、種別、内容等において特定しうれば足りるとされている。命令の些細な誤りに対しては後日、更正決定が発せられると当初の命令送達時に遡り効力が生じるため、その間になした弁済が否定されるケースも生じる。したがって、実務上は預金の特定に多少の疑義があっても、当該預金に差押えがあったものとして処理するのが通常である。
④　支払停止の措置：差押債権の範囲内で預金の支払を差止める。差押えのあった預金口座には、直ちに元帳に対し、払戻しを禁ずる旨のシステム処理を行うことが必要である。差押えの効力は差し押さえられた時点における当該口座の現存残高にのみ及ぶため、普通預金や当座預金のような要求払預金では、差押え後の受払いにより、同一預金でも差押えの効力が及ぶ分と及ばない分とが混在することとなる。したがって、差押えの効力が生じた預金残高を別途分離管理する処置を講じることが望ましい。なお、差押えの効力は、差押え後に生じる利息債権にも及ぶこととなる。
⑤　関係部署への連絡：（詳細省略）
⑥　預金者本人への連絡：（詳細省略）
⑦　場所長・本部への報告：（詳細省略）

　　　　正解　1）①命令書の受理日時の記録、②命令書の記載事項の確認、
　　　　　　　　③差押えの対象となる預金の特定、④支払停止措置

5-14　差押えの競合・供託義務②

=== 設例 ===

　　甲銀行の取引先Aの普通預金に対し、債権者をBとする150万円の差押命令が、甲銀行と取引先Aに送達された（甲銀行には、陳述を命ずる催告書も同時に送達された）。甲銀行に送達された時点のAの普通預金残高は100万円であったが、その翌日に30万円の振込入金があった。

《問1》差押命令に関する次の記述のうち、不適切なものをすべて選びなさい。

1) 差押命令の効力は、150万円に満つるまで30万円の振込金にも及ぶ。
2) 差押命令が送達されると、債務者は、差し押さえられた債権の取立、譲渡、免除、相殺、質入れ等の処分行為が禁止されるほか、普通預金口座は凍結され、預入はできるが引出しはできなくなる。
3) 差押命令の効力の量的範囲について、仮に、被差押債権が賃料債権等の継続的収入であれば、特に限定をしないときは、毎月差押えをしなくても、当然に継続的に支払われる金額に効力が及ぶ。

《問2》差押命令による取立権に関する次の文章の空欄①および②に入る最も適切な語句の組合せを選びなさい。

　　差押命令が（　①　）に送達されてから（　②　）が経過し、その間に執行停止等がないときは、債権者に取立権が付与される。

1) ①第三債務者
　　②1週間
2) ①第三債務者
　　②10日間
3) ①債務者（預金者）
　　②10日間
4) ①債務者（預金者）
　　②1週間

・解説と解答・

《問1》
1）不適切である。差押命令の効力は、差押命令送達後に受け入れた振込金を含む入金には及ばない。
2）不適切である。普通預金口座は凍結されることなく引き続き利用可能であり、差押え額を超える預金は引出し可能である。
3）適切である。

正解　1）、2）

《問2》
　差押債権者は、差押命令が債務者（預金者）に送達された日から1週間を経過したときは、差し押さえた債権を取り立てることができる（民事執行法155条1項）。1週間を要するとしているのは、債務者に不服申立ての機会を与えるためである。

正解　4）①債務者（預金者）、②1週間

5－15　相続の概要①

=設例=

　甲銀行乙支店の個人預金者Aが死亡した。Aには、妻B、長男C、長女Eがいる。また、長男Cには子Dがいる。

　なお、Aは遺言書を作成していなかった。

《問1》被相続人Aの相続に関する次の記述のうち、不適切なものをすべて選びなさい。

1）Bが、Aの負債額が不明なので限定承認を希望している場合、限定承認に他の相続人が不同意であっても、Bは単独で限定承認を選択できる。

2）Cが、Aの死亡を知ったのは1カ月後であった場合、Cが相続放棄を選択できる時限は、Aの死亡日から3カ月後である。

3）限定承認や相続放棄を希望する場合は、Aの最後の住所地を管轄する家庭裁判所への申立てが必要である。

4）仮に、相続人全員が相続放棄をして、結果として相続する者がいなくなった場合には、相続財産の清算人が家庭裁判所により選任される。

《問2》次の文章の空欄①に入る最も適切な語句を選びなさい。

　Cが相続放棄をした場合、Dの法定相続分は、（　①　）である。

1）①0（ゼロ）

2）①4分の1

3）①6分の1

4）①8分の1

●解説と解答●

《問 1 》

1 ）不適切である。相続人が数人あるときは、限定承認は、共同相続人の全員
　　が共同してのみこれをすることができる（民法923条）。

2 ）不適切である。相続人は、自己のために相続の開始があったことを知った
　　時から 3 カ月以内に単純もしくは限定の承認または放棄をしなければなら
　　ない（民法915条 1 項）。本件の場合、Ｃが Ａの死亡の事実を知った時から
　　 3 カ月が相続放棄を選択できる時限である。

3 ）適切である（家事事件手続法201条 1 項、民法883条）。

4 ）適切である。

正解　 1 ）、 2 ）

《問 2 》

　代襲相続についての被代襲者に関する要件としては、①相続開始以前におい
て死亡した場合、②欠格事由に該当して相続権を失った場合、③廃除によって
相続権を失った場合の 3 つに限定されており（民法887条 2 項）、Ｃの子Ｄは、
代襲相続人とならず、法定相続分は 0 （ゼロ）である。

正解　 1 ）①0 （ゼロ）

（参考）相続財産管理制度

　従前、相続財産の管理について、家庭裁判所は相続財産の管理人を選任でき
る旨定めていたが、2023年 4 月より、改正により、相続財産に関する処分等も
できる相続財産の清算人の制度が創設された。

a　不在者の財産の管理人

　不在者（従来の住所または居所を去り、容易に戻る見込みのない者）に財産
管理人がいない場合に、家庭裁判所は、利害関係人の申立てにより、不在者自
身や不在者の財産について利害関係を有する第三者の利益を保護するため、財
産管理人選任等を行うことができる（民法25条）。選任された不在者財産管理
人は、不在者の財産を管理、保存するほか、家庭裁判所の権限外行為の許可を
得て不在者に代わって処分等を行うことができる（民法27条）。また、不在者
の財産の管理、処分その他の事由により金銭が生じたときは、不在者のため
に、当該金銭を供託所に供託することができる（家事事件手続法146条の 2 ）。

b　相続財産の管理人

　保存型相続財産管理制度が創設され、相続財産の保存に関して、家庭裁判所

は、利害関係人の請求により、いつでも、相続財産の管理人の選任その他の相続財産の保存に必要な処分を命ずることができることになった。相続財産の管理人の職務は、相続財産の保存行為に限定される（民法897条の2、28条、103条）。

c　相続財産の清算人

　相続人のあることが明らかでないとき（戸籍上相続人がいない、戸籍上の相続人が全員相続放棄した、相続欠格や廃除となったりした場合など）は、相続財産は法人とする（民法951条）。この場合には、家庭裁判所は、利害関係人等の請求によって、相続財産の清算人が選任される（民法952条）。

　相続財産の清算人の職務や権限などには、不在者の財産の管理人についての規定が準用され、相続財産の管理のみならずその清算も含まれる（民法953条）。

5 － 16 相続の概要②

=== 設例 ===

甲銀行乙支店の個人預金者Aが死亡した。Aの相続関係図は以下のとおりである。

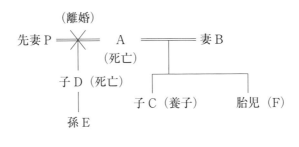

《問１》相続に関する次の記述のうち、適切なものをすべて選びなさい。

1）Aと過去に婚姻関係にあったPは、法定相続人となる。

2）Aの死亡時点で生存している子は、法定相続人となるが、妊娠中のBの胎児は、法定相続人には含まれない。

3）Aよりも先に子Dが死亡していた場合、孫Eは、第１順位相続人となる。

4）各相続人は、遺産に属する預貯金のうち、相続開始時の預貯金債権額（金融機関の口座ごと）の２分の１に払戻しを行う共同相続人の法定相続分を乗じた額（上限150万円）について、家庭裁判所の判断を経ずに払戻しを受けることができる。

《問２》次の文章の空欄①に入る最も適切な語句を選びなさい。

Aの相続開始から１カ月後にBからFが誕生した。この場合のCの相続分は、（　①　）である。普通養子縁組の場合、養子は実親の法定相続人と（　②　）。

1）①２分の１　②なる

2）①４分の１　②ならない

3）①６分の１　②なる

4）①8分の1　②ならない

・解説と解答・

《問1》

1）不適切である。被相続人の配偶者は常に相続人となる（民法890条）が、相続開始時点で戸籍上の配偶者（民法739条）である必要があり、Pはそれに該当しない。

2）不適切である。胎児は相続については既に生まれたものとみなされ、相続開始時に母胎内に存在し、後日、生まれたときは、相続開始の時点に遡って相続人となる（民法886条）。

3）適切である。法定相続人の第1順位は、子と代襲相続人（孫、ひ孫）である（民法887条2項）。

4）不適切である。2分の1ではなく、3分の1に法定相続分を乗じた額である（民法909条の2）。

正解　3）

《問2》

　本件は、法定相続人がB（法定相続分2分の1）と、第1順位相続人E、C、Fの3人（法定相続分は、3名合計で2分の1、各自の相続分は均等頭割り）の共同相続となるため、Cの相続分は6分の1となる（民法900条1号）。普通養子縁組の場合、養子は実親と養親両方の法定相続人になる。特別養子縁組の場合、実親との関係は消滅しているため、養子は養親の法定相続人にしかならない。

正解　3）①6分の1、②なる

（参考）遺産分割前における相続預貯金債権の払戻し制度

　民法909条の2は、「各共同相続人は、遺産に属する預貯金債権のうち相続開始の時の債権額の3分の1に第900条及び第901条の規定により算定した当該共同相続人の相続分を乗じた額（標準的な当面の必要生計費、平均的な葬式の費用の額その他の事情を勘案して預貯金債権の債務者ごとに法務省令で定める額を限度とする。）については、単独でその権利を行使することができる。この場合において、当該権利の行使をした預貯金債権については、当該共同相続人が遺産の一部の分割によりこれを取得したものとみなす。」と定めている。

1.「民法の預貯金払戻し制度」の概要
（1）払戻し限度額
　各相続人は、遺産に属する預貯金のうち、相続開始時の預貯金債権額（金融機関の口座ごと）の３分の１に払戻しを行う共同相続人の法定相続分を乗じた額（上限150万円）について、家庭裁判所の判断を経ずに払戻しを受けることができる。
（2）具体例
　相続人が長男および二男の２人（法定相続分各２分の１）で、相続開始時の預金額がＡ銀行の普通預金1,200万円、定期預金300万円、Ｂ銀行の普通預金600万円の場合において、二男が預貯金の払戻しをするときの預貯金払戻し限度額は次のとおりである。
　　①　Ａ銀行普通預金　1,200円×１／３×１／２＝200万円
　　②　Ａ銀行定期預金　300万円×１／３×１／２＝ 50万円
　　③　Ｂ銀行普通預金　600万円×１／３×１／２＝100万円
　　Ａ銀行は上限額の150万円（①＋②＝250万円＞150万円）でＢ銀行は100万円（③＝100万円≦150万円）となり、二男は単独で合計250万円の預貯金払戻しを行うことが可能である。
（3）払戻しを受けた預貯金の取扱い
　民法の預貯金払戻し制度により払い戻された預貯金は、払戻しを受けた相続人が遺産の一部分割によりこれを取得したものとして取り扱われる（民法909条の２後段）。
2.「家事事件手続法の預貯金払戻し制度」の概要
　預貯金払戻し制度については、相続人が家庭裁判所へ申し立ててその審判を得ることにより、相続預金の全部または一部を仮に取得し、金融機関から単独で払戻しを受けることができる。ただし、家庭裁判所が上記の払戻しを認めるのは、各相続人に生活費の支弁等の事情により相続預金の仮払いの必要性が認められ、かつ他の共同相続人の利益を害しない場合に限られる（家事事件手続法第200条第３項）。

5－17 当座勘定取引先の死亡①

― 設例 ―

甲銀行乙支店の当座勘定取引先である個人事業者Aが死亡した。Aの法定相続人は、妻B、長男C、二男Dの3人で、Bの説明によれば、Aが生前に振り出した手形・小切手で未決済のものが数通存在するとのことである。

《問1》A名義の当座勘定取引契約の相続手続に関する次の記述のうち、甲銀行の対応として不適切なものをすべて選びなさい。

1）Aの事業を承継するCから、A名義の当座勘定をそのまま継承して利用したいとの申し出を謝絶した。

2）後日、Aが生前に振り出し、未決済の手形・小切手が交換呈示されたので、当然に、当座勘定の残高の範囲内で決済した。

3）Aが生前に振り出した未決済の手形・小切手について、相続人全員からの依頼があった場合は、呈示分について支払をする取扱いも認められる。

《問2》次の文章の空欄①に入る最も適切な語句を選びなさい。

取引先の死亡により、当座勘定取引契約は終了し、金融機関は当座預金口座を解約し、その残高は（　①　）預金に留保されるのが一般的な取扱いである。

1）①譲渡性
2）①別段
3）①通知
4）①決済用

● 解説と解答 ●

《問1》

1）適切である。当座勘定取引契約は、手形・小切手取引の手段として利用されることから、取引先の信用を基礎とし、かつ、手形・小切手の支払委託

契約は民法の準委任契約とされることから一身専属性があり、取引先の死亡により終了する（民法653条 1 号）。このため、特定の相続人が当座勘定を承継することはできない。

2 ）不適切である。当座勘定取引契約は、取引先の死亡により終了し、当座勘定規定では、金融機関は、当座勘定取引契約終了前に振出された小切手、約束手形または引き受けられた為替手形であっても、当座勘定取引契約終了後に支払呈示された手形・小切手については、支払義務を負わないとしている（当座勘定規定［取引終了後の処理］）ため、支払銀行が当然に決済するものではない。なお、金融機関が取引上の死亡の事実を知らずに支払提示された手形・小切手を当座勘定から支払ってしまった場合、委任の終了は相手（金融機関）が知った時でなければ、その旨を相手方に対抗できないことから（民法655条）、金融機関は支払いの結果を相続人に帰せしめることができる。

3 ）適切である。当座勘定取引契約の終了後は、支払銀行は支払義務を負わないものの、相続人全員からの依頼があった場合には、支払を認める取扱いも認められる。

正解　2 ）

《問 2 》

　取引先の死亡を知った時点で、金融機関は当座預金口座を解約し、その残高は別段預金に留保されるのが一般的な考え方である。

正解　2 ）①別段

5－18 当座勘定取引先の死亡②

—— 設例 ——

　甲銀行乙支店はＸ株式会社と当座勘定取引を行っていたが、同社の代表取締役Ａが死亡した。当該当座勘定取引契約には、Ａを代表者とするほか、同社の経理部長Ｂを代理人とする届出がされている。

《問１》 Ｘ社との当座勘定取引に関する次の記述のうち、不適切なものをすべて選びなさい。

1）当座勘定取引契約には委任契約の性質をもつ手形・小切手の支払委託契約が含まれており、Ａの死亡により委任契約は終了するため、当座勘定取引契約は直ちに終了させる必要がある。

2）当座勘定を閉鎖する必要はないが、Ｂの代理権はＡの死亡によって効力を失っているため、Ｂを代理人とする手形・小切手取引はできない。

3）ＡがＸ株式会社の代表者として生前に振り出した手形・小切手が交換呈示された場合、新代表者の追認がない限り、当該手形・小切手を決済することができない。

《問２》 次の文章の空欄①および②に入る最も適切な語句の組合せを選びなさい。

　Ｘ社の代表取締役はＡのみであったので、直ちに新しい代表取締役を選任する必要がある。Ｘ社が取締役会設置会社であれば、取締役会の決議により、取締役会非設置会社であれば、（　①　）の決議により新しい代表取締役を選任する。早急に選任がなされないような場合には、（　②　）裁判所に申し立てて一時代表取締役を選任してもらうことができる。

1）①株主総会　②地方
2）①理事会　　②家庭
3）①常務会　　②家庭
4）①監査役会　②地方

・解説と解答・

《問1》

1）不適切である。当座勘定取引契約は、個人Aではなく X 社を相手方とするため、Aの死亡によって委任契約が終了するものではない（商法506条）。

2）不適切である。法人の代表者が選任した代理人は、その代表者の個人的な代理人ではなく、法人の代理人であるため、Aの死亡によっても、Bの代理人たる地位には影響がない。

3）不適切である。代表者が生前に振り出している手形・小切手が呈示された場合には、代表者が死亡しても法人格が消滅するわけでもなく、また旧代表者名義で行った行為が遡って無効となることもないので、当該手形・小切手を決済したとしても有効である。

正解　1）、2）、3）

《問2》

　株式会社における代表取締役の選任手続は、取締役会設置会社では、取締役会の決議により（会社法362条2項3号、3項）、取締役会非設置会社では、（定款の定めによる場合や、定款の定めに基づく取締役の互選による場合を除き）株主総会の決議による（同法349条3項）。また、これらの手続が早急になされないような場合、会社の代表機関に空白が生じることから、利害関係人の申立により裁判所が一時代表取締役を選任する（同法351条2項）。なお、一時取締役選任の申立ては、会社の本店所在地を管轄する地方裁判所で行う（同法868条1項）。

正解　1）①株主総会、②地方

5-19　取引先の法的整理①

――――設例――――

　甲銀行乙支店の取引先X社が破産手続開始の申立てを行った。X社とは、預金、融資の取引があり、融資取引にはX社の代表者Aの連帯保証を得ている。

《問1》 X社に対する融資債権回収を目的とする預金との相殺に関する次の記述のうち、適切なものをすべて選びなさい。

1）破産債権者である甲銀行は、破産手続に参加することなく、X社の預金と貸金を相殺することができる。

2）乙支店がX社の破産手続開始の申立てを知った後に、X社の預金口座への振込によって増加した預金についても、破産手続終了前であれば相殺の対象となる。

3）X社の破産手続開始決定後に、満期日未到来の定期預金との相殺を行った場合、破産手続開始決定後、相殺実行時までに発生した預金利息は全額相殺に充当できる。

《問2》 次の文章の空欄①および②に入る最も適切な語句の組合せを選びなさい。

　乙支店がX社の破産手続開始決定後に相殺を行うに際しては、（　①　）を作成して発送する必要がある。その発送先は、X社の預金との相殺の場合は（　②　）であるが、Aの預金と相殺した場合はA宛の送付が必要である。

1）①破産債権届出書　②差押債権者
2）①相殺通知書　　　②破産管財人
3）①差押通知書　　　②X社
4）①差押命令書　　　②裁判所

・解説と解答・

《問1》

1）適切である。破産者に対する融資債権は、破産債権として届出し、破産手続による回収を基本とするが、相殺による回収は破産手続によらずに行うことができる（破産法67条1項）。

2）不適切である。乙支店がX社の破産手続開始の申立てを知った後に負担した債務（預金）は相殺が禁止される（破産法71条1項4号）。

3）不適切である。破産手続開始決定後に発生する利息債務は、相殺が禁止されると解される（破産法71条1項1号）。

<u>正解　1）</u>

《問2》

　相殺は当事者の一方から相手方に対する意思表示によって行う必要があり（民法506条1項）、実務では相殺通知書を作成して送付する方法による。破産手続開始後は、破産財団に属する財産の処分権は、裁判所が選任した破産管財人に専属するため（破産法78条1項）、相殺通知書の送付先は、X社でなく破産管財人となる。一方、保証人に対して保証債権と保証人Aの預金債権を相殺する場合には、保証人Aに相殺通知書を送付する必要がある。

<u>正解　2）①相殺通知書、②破産管財人</u>

5－20 取引先の法的整理②

━━━━ 設例 ━━━━

　甲銀行乙支店の取引先A社が、民事再生手続開始の申立てを行った旨、A社から報告を受けた。A社とは、当座預金、普通預金、定期預金等の預金取引がある。

《問1》民事再生手続開始申立ての後のA社との取引に関する次の記述のうち、適切なものをすべて選びなさい。

1）民事再生手続が開始されても、再生債務者は預金取引について制限を受けないのが原則であるため、預金取引の相手方は引き続きA社の代表者となる。

2）再生手続開始に先立って裁判所が「申立会社は、従業員との雇用契約により生じた債務および債務総額が10万円以上の債務を除き、弁済してはならない」とする「弁済禁止の保全処分」を出した場合は、A社からの預金払戻請求には応じられない。

3）甲銀行がA社から取立委任を受けた約束手形につき商事留置権を有する場合、A社の再生手続開始後の取立に係る取立金を、法定の手続によらず、銀行取引約定書に基づきA社の債務の弁済に充当することはできない。

《問2》民事再生手続に関する次の文章の空欄①および②に入る最も適切な語句の組合せを選びなさい。

　民事再生手続で（　①　）命令が出された場合は、裁判所の指定する一定の行為について、（①）委員の同意を必要とし、保全管理命令または、管理命令が出された場合は、（　②　）や財産管理処分権は、保全管理人または管財人に専属する。

1）①監督　②経営権
2）①再生　②業務遂行権
3）①監督　②業務遂行権
4）①再生　②経営権

・解説と解答・

《問1》

1）適切である（民事再生法38条1項）。

2）不適切である。「弁済禁止の保全処分」はA社に対し、A社が第三者に対して弁済することを禁じる命令であって、A社への預金払戻しは保全処分の禁止する第三者への弁済には該当しないので、応じてよい。

3）不適切である。A社から取立委任を受けた約束手形につき商事留置権を有する甲銀行は、A社の再生手続開始後の取立に係る取立金を、法定の手続によらず、銀行取引約定書に基づきA社の債務の弁済に充当することができる（最判平23.12.15）。

<u>正解　1）</u>

《問2》

　民事再生手続で監督命令が出された場合は、裁判所の指定する一定の行為について、監督委員の同意を必要とし（民事再生法54条1項、2項）、保全管理命令（同法79条1項）または、管理命令（同法64条1項）が出された場合は、業務遂行権や財産管理処分権は、保全管理人または管財人（同法81条1項、66条）に専属する。

<u>正解　3）①監督、②業務遂行権</u>

5−21　取引先の法的整理③

━━━ 設例 ━━━

　甲銀行乙支店の渉外担当者Aは、取引先X社が経営悪化により、法的整理を検討しているとの情報を得た。

《問1》取引先が法的整理に至った場合の取引の相手方に関する次の記述のうち、適切なものをすべて選びなさい。

1）民事再生手続において、法人である債務者について保全管理人や管財人が選任された場合には、金融機関は、保全管理人や管財人を相手方として預金の払戻しなどの手続を行わなければならない。

2）株式会社について、会社更生手続開始決定により管財人が選任され保全管理命令が出されても、会社の業務執行権および財産の管理処分権は代表取締役に専属するので、代表取締役を相手方として預金の払戻しなどの手続を行えばよい。

3）預金者について破産手続開始決定がなされ、破産管財人が選任された場合には、破産者の有していた財産は破産財団となり、その管理処分権は破産管財人に専属することになるので、預金の払戻し等は破産管財人を相手方として行う必要がある。

《問2》取引先の預金に対する差押命令が送達された場合の取扱いに関する次の文章の空欄①～③に入る最も適切な語句または数値を答えなさい。

1）預金に対する差押命令の効力は、差押命令が（　①　）に送達された時に発生する。

2）預金を差し押さえた債権者は、差押命令が（　②　）に対し、20XX年5月2日（水）に送達されたときは、20XX年5月（　③　）日以降にその預金を取り立てることができる。

20XX 年 5 月のカレンダー（囲み数字は休日・祝日）

日	月	火	水	木	金	土
		1	2	③	④	⑤
⑥	7	8	9	10	11	⑫
⑬	14	15	16	17	18	⑲
⑳	21	22	23	24	25	㉖
㉗	28	29	30	31		

・解説と解答・

《問1》

1）適切である（民事再生法64条〜83条（管財人、保全管理人））。

2）不適切である。保全管理人が選任されたときは、権限は保全管理人に専属するので、保全管理命令を確認したうえで、保全管理人に対して取引を行わなければならない（会社更生法30条）。

3）適切である（破産法78条1項）。

<u>正解　1）、3）</u>

《問2》

　差押命令の効力のうち、預金者への払戻しを禁止する支払差止めの効力は、差押命令が第三債務者である金融機関に送達された時に生じるのに対し、差押債権者が取立権を行使できるのは、差押命令が債務者（預金者）に送達された日から1週間が経過した時である。

<u>正解　①第三債務者（金融機関）、②債務者（預金者）、③10</u>

172

5 −22 外貨預金取引①

━━━━━━ 設例 ━━━━━━

　甲銀行乙支店の窓口担当者Bは、来店した中小企業の社長Aから、もうすぐ満期となるAの個人用口座の定期預金の満期金1,500万円の運用について相談を受けた。Aは、米ドル建ての外貨預金（為替予約なし）での運用に興味があるとのことだった。

《問1》窓口担当者Bが、Aに対して米ドル建ての外貨預金を販売するにあたり、行った行為として、適切なものをすべて選びなさい。
1 ）BはAに為替変動による元本割れのリスクがあることを説明しようとしたが、Aから既に何度も外貨預金で運用を行っており、説明は不要と断られた。Bが調べたところ、他の支店で複数回の運用実績があることも判ったため、Bは重要事項について説明せずに、書面上で意思確認をするにとどめた。
2 ）満期時に為替相場が急激に円高となったため、元本割れとなったことから、Aからの依頼に応じて、支店長と相談のうえ、Aの経営する会社に対する貸付利率を下げることで損失を補てんした。
3 ）Bは、Aから、2年前に乙支店で外貨預金に預入した際に「契約締結前交付書面」に準じるものとして「外貨預金等書面」の交付を受け、その内容を確認し、理解しているので、あらためての同書面の交付は不要との意思表示があったため、手交をしなかった。

《問2》Aは、預入期間6カ月（180日）、年利率0.21％の米ドル建て外貨定期預金10万ドルを預入れした。預入日および満期日の米ドル・円換算レートは以下のとおりであった。この外貨定期預金の円貨での実質利回り（税引後）について、最も適切なものはどれか。なお、為替手数料以外の手数料等は考慮しないこと。また、利息に対する源泉徴収税額は、外貨建ての利息額に対して源泉徴収税率を乗じて計算することとし、源泉徴収税額（国税15.315％、地方税5％）はセント未満切捨て、解約円貨額は円未満切捨て、答は小数点第3位以下を切捨てとする。

＜資料＞

	1米ドル当たり円換算レート	
	預入日	満期日
ＴＴＳ	145	148
仲値	144	147
ＴＴＢ	143	146

※外貨利息計算は、1年を360日とする日割計算で算出すること

（参考）

$$円貨での実質利回り = \frac{解約円貨額 - 預入時の円貨額}{預入時の円貨額}$$

$$\times \frac{365日}{預入日数} \times 100 （\%）$$

1）0.86％
2）1.56％
3）2.26％
4）2.96％

・解説と解答・

《問1》

1）適切である。金融サービス提供法は、「重要事項について説明を要しない旨の顧客の意思の表明があった場合」には、重要事項の説明はしなくてもよいとしている（金融サービス提供法4条7項2号）。

2）不適切である。損失の事後的な補填に該当する（銀行法13条の4、金融商品取引法39条1項3号）。

3）不適切である。契約締結前交付書面（銀行法13条の4、金融商品取引法37条の3第1項）は、金融商品取引契約を行う顧客に対し、取引の都度あらかじめ交付することが定められているが、銀行法施行規則14条の11の25第1項1号において投資者の保護に支障を生ずることがない場合の1つとして、外貨預金等の特定預金契約締結前1年以内に外貨預金等書面を交付している場面であって、当該顧客から契約締結前交付書面の交付を要しない

旨の意思の表明があった場合には、改めて再交付する必要のない旨が定められている。よって、1年を経過する場合は、原則として再交付が必要となる。

正解　1）

《問2》

外貨預金の円貨での元利合計（税引後）の手取金額は、次の計算で算出する。なお、換算相場は、預入時はTTS、払戻時はTTBを用いる。

- 預入時の円貨額：10万米ドル×145円＝14,500,000円（円未満切捨て）
- 税引前外貨利息額：10万米ドル×0.21％×180日÷360日＝105.00米ドル（セント未満切捨て）
- 源泉徴収額（国税）：105.00米ドル×15.315％＝16.08米ドル（セント未満切捨て）
- 源泉徴収額（地方税）：105.00米ドル×5％＝5.25米ドル（セント未満切捨て）
- 税引後外貨利息額：105.00米ドル－（16.08米ドル＋5.25米ドル）＝83.67米ドル
- 税引後外貨元利金：10万米ドル＋83.67米ドル＝100,083.67米ドル
- 解約円貨額：100,083.67米ドル×146円＝14,612,215円（円未満切捨て）

$$円貨での実質利回り＝\frac{(14,612,215円－14,500,000円)}{14,500,000円}×\frac{365日}{180日間}×100（％）$$

$$≒1.56％（小数点第3位以下切捨て）$$

正解　2）1.56％

5 −23　外貨預金取引②

==== 設例 ====

　甲銀行乙支店の窓口担当者Ｂは、来店した個人顧客Ａ（会社員）か
ら、もうすぐ満期となる定期預金の満期金400万円の運用について相談
を受けた。Ａは、この満期金は余裕資金であるため、少し資金を足し
て、米ドル建て外貨預金（為替予約なし）での運用を検討しているよう
であった。

《問１》窓口担当者Ｂが、Ａに対して行った米ドル建ての外貨預金の商品
　　　　説明として、適切なものをすべて選びなさい。
　１）預入時の換算レートより、満期時の換算レートが円安になれば、為
　　　替差益が生じ、円高になれば、為替差損が生じます。
　２）個人の場合、為替差益は雑所得となり、確定申告による総合課税の
　　　対象となりますが、年収2,000万円以下の給与所得者で、為替差益
　　　を含めた給与所得および退職所得以外の所得が年間40万円以下の場
　　　合は、確定申告は必要ありません。
　３）外貨預金の金利は、臨時金利調整法による規制の適用を受けるた
　　　め、各金融機関で自由に設定することができません。

《問２》Ａは、預入期間３カ月（90日）、年利率0.21％の米ドル建て外貨
　　　　定期預金３万ドルを預入れした。預入日および満期日の米ドル・円
　　　　換算レートは以下のとおりであった。この外貨定期預金の円貨での
　　　　実質利回り（税引後）について、最も適切なものはどれか。なお、為
　　　　替手数料以外の手数料等は考慮しないこと。また、利息に対する源
　　　　泉徴収税額は、外貨建ての利息額に対して源泉徴収税率を乗じて計
　　　　算することとし、源泉徴収税額（国税15.315％、地方税５％）はセ
　　　　ント未満切捨て、解約円貨額は円未満切捨て、答は小数点第３位以
　　　　下を切捨てとする。

<資料>

	1米ドル当たり円換算レート	
	預入日	満期日
ＴＴＳ	143	145
仲値	142	144
ＴＴＢ	141	143

※外貨利息計算は、1年を360日とする日割計算で算出すること

（参考）

$$円貨での実質利回り = \frac{解約円貨額 - 預入時の円貨額}{預入時の円貨額}$$
$$\times \frac{365日}{預入日数} \times 100（\%）$$

1） △1.24%
2）　0.16%
3）　1.58%
4）　3.00%

・解説と解答・

《問1》
1）適切である。
2）不適切である。年収2,000万円以下の給与所得者で、為替差益を含めた給与所得および退職所得以外の所得が年間20万円以下の場合は、確定申告は必要ない（所得税法121条1項）。また、為替差損が生じた場合は、他に黒字の総合課税扱いの雑所得があれば、その金額との内部通算ができる。
3）不適切である。外貨預金は、臨時金利調整法の規制対象外の預金である。

正解　1）

《問2》
　外貨預金の円貨での元利合計（税引後）の手取金額は、次の計算で算出する。なお、換算相場は、預入時はＴＴＳ、払戻時はＴＴＢを用いる。
・預入時の円貨額：3万米ドル×143円＝4,290,000円（円未満切捨て）

・税引前外貨利息額：3万米ドル×0.21％×90日÷360日＝15.75米ドル（セント未満切捨て）
・源泉徴収額（国税）：15.75米ドル×15.315％＝2.41米ドル（セント未満切捨て）
・源泉徴収額（地方税）：15.75米ドル×5％＝0.78米ドル（セント未満切捨て）
・税引後外貨利息額：15.75米ドル－（2.41米ドル＋0.78米ドル）＝12.56米ドル
・税引後外貨元利金：3万米ドル＋12.56米ドル＝30,012.56米ドル
・解約円貨額：30,012.56米ドル×143円＝4,291,796円（円未満切捨て）

$$円貨での実質利回り＝\frac{(4,291,796円－4,290,000円)}{4,290,000円}×\frac{365日}{90日間}×100（％）$$

≒0.16％（小数点第3位以下切捨て）

<u>正解　2）0.16％</u>

2024年度 金融業務能力検定

等級	試験種目		受験予約開始日	配信開始日（通年実施）	受験手数料（税込）
IV	金融業務4級 実務コース		受付中	配信中	4,400 円
III	金融業務3級 預金コース		受付中	配信中	5,500 円
	金融業務3級 融資コース		受付中	配信中	5,500 円
	金融業務3級 法務コース		受付中	配信中	5,500 円
	金融業務3級 財務コース		受付中	配信中	5,500 円
	金融業務3級 税務コース		受付中	配信中	5,500 円
	金融業務3級 事業性評価コース		受付中	配信中	5,500 円
	金融業務3級 事業承継・M＆Aコース		受付中	配信中	5,500 円
	金融業務3級 リース取引コース		受付中	配信中	5,500 円
	金融業務3級 DX（デジタルトランスフォーメーション）コース		受付中	配信中	5,500 円
	金融業務3級 シニアライフ・相続コース		受付中	配信中	5,500 円
	金融業務3級 個人型DC（iDeCo）コース		受付中	配信中	5,500 円
	金融業務3級 シニア対応銀行実務コース		受付中	配信中	5,500 円
	金融業務3級 顧客本位の業務運営コース		－	上期配信	5,500 円
II	金融業務2級 預金コース		受付中	配信中	7,700 円
	金融業務2級 融資コース		受付中	配信中	7,700 円
	金融業務2級 法務コース		受付中	配信中	7,700 円
	金融業務2級 財務コース		受付中	配信中	7,700 円
	金融業務2級 税務コース		受付中	配信中	7,700 円
	金融業務2級 事業再生コース		受付中	配信中	11,000 円
	金融業務2級 事業承継・M＆Aコース		受付中	配信中	7,700 円
	金融業務2級 資産承継コース		受付中	配信中	7,700 円
	金融業務2級 ポートフォリオ・コンサルティングコース		受付中	配信中	7,700 円
	DCプランナー2級		受付中	配信中	7,700 円
I	DCプランナー1級（※）	A分野（年金・退職給付制度等）	受付中	配信中	5,500 円
		B分野（確定拠出年金制度）	受付中	配信中	5,500 円
		C分野（老後資産形成マネジメント）	受付中	配信中	5,500 円
－	コンプライアンス・オフィサー・銀行コース		受付中	配信中	5,500 円
	コンプライアンス・オフィサー・生命保険コース		受付中	配信中	5,500 円
	個人情報保護オフィサー・銀行コース		受付中	配信中	5,500 円
	個人情報保護オフィサー・生命保険コース		受付中	配信中	5,500 円
	マイナンバー保護オフィサー		受付中	配信中	5,500 円
	AML／CFTスタンダードコース		受付中	配信中	5,500 円

※ DCプランナー1級は、A分野・B分野・C分野の3つの試験すべてに合格した時点で、DCプランナー1級の合格者となります。

2024年度　サステナビリティ検定

等級	試験種目	受験予約 開始日	配信開始日 （通年実施）	受験手数料 （税込）
－	SDGs・ESGベーシック	受付中	配信中	4,400 円
－	サステナビリティ・オフィサー	受付中	配信中	6,050 円

2024年度版
金融業務2級　預金コース試験問題集

2024年3月13日　第1刷発行

編　者　一般社団法人　金融財政事情研究会
検定センター
発行者　　　　　　　　加藤　一浩

〒160-8519　東京都新宿区南元町19
発 行 所　一般社団法人　金融財政事情研究会
販 売 受 付　TEL 03(3358)2891　FAX 03(3358)0037
URL https://www.kinzai.jp

本書の内容に関するお問合せは、書籍名およびご連絡先を明記のうえ、FAXで
お願いいたします。　　　　　　　　お問合せ先　FAX 03(3359)3343
本書に訂正等がある場合には、下記ウェブサイトに掲載いたします。
https://www.kinzai.jp/seigo/

ISBN978-4-322-14412-3